MOBILE OFFICE
移动办公

邓俊杰 著

中国铁道出版社
CHINA RAILWAY PUBLISHING HOUSE

内 容 简 介

　　本书根据对整个移动办公市场的观察分析，结合实际工作内容和生动翔实的客户案例，带你全面了解移动办公。如果你是一名正在为企业寻找一款移动办公平台的 CIO、老板、HR，那么本书可以给你的决策提供参考；如果你是一名普通工作者想了解一种新的工作方式，那么本书可以带你认识什么是移动办公；如果你也是一名移动办公产品的设计、研发的从业人员，那么本书可以帮助你了解移动办公产品的适用场景和设计策略。

图书在版编目（CIP）数据

移动办公/邓俊杰著.—北京：中国铁道出版社，2018.5
ISBN 978-7-113-23840-7

Ⅰ.①移… Ⅱ.①邓… Ⅲ.①办公自动化 Ⅳ.①C931.4

中国版本图书馆 CIP 数据核字(2017)第 239843 号

书　　名：**移动办公**
作　　者：邓俊杰　著

策　　划：巨　凤　　　　　　　　　**读者热线电话**：010-63560056
责任编辑：苏　茜
责任印制：赵星辰　　　　　　　**封面设计**：MXK DESIGN STUDIO

出版发行：中国铁道出版社（100054，北京市西城区右安门西街 8 号）
印　　刷：北京柏力行彩印有限公司
版　　次：2018 年 5 月第 1 版　　2018 年 5 月第 1 次印刷
开　　本：700mm×1000mm　1/16　印张：14.25　字数：182 千
书　　号：ISBN 978-7-113-23840-7
定　　价：45.00 元

2014 年 5 月 4 日，我砸碎了我的笔记本电脑，开始了凭一部手机闹革命，推出了云之家移动办公云服务；2015 年 8 月 8 日，我帮客户一起砸碎了服务器，开始推出了云 ERP；2016 年 5 月 4 日，我再次砸碎了办公室，掀起了一场没有传统办公室的革命。

为什么要砸办公室？我想说传统的办公室有很多"罪状"、很多问题。大家知道传统办公室有哪些不好的地方？我总结了一下，传统的办公室有七宗罪：

第一，租金贵。 办公室越来越贵，成本越来越高。坐在舒适而宽大的办公室里头，每天在消耗高昂的租金成本。

第二，交通堵。 每天上班，我经常 9 点、9 点半在电梯里，甚至 10 点遇到大家。早高峰太拥挤。

第三，不环保。 办公室耗油、耗水、耗电、耗材。

第四，距离远。 距离客户较远，其实员工之间，虽然我们天天坐在一起，但是未必会距离更近；当要解决问题的时候，反而距离很远。

第五，禁锢多。 禁锢了我们的创意，扼杀了我们的个性。

第六，内耗多。 层级化的组织，孕育复杂的办公室政治。

第七，不平等。 等级分离、层层汇报、流程审批，不敢决策。

所以传统办公室有这七宗罪，当然我们就要把它砸掉。英国一个研究机构，在 2015 年发表：2025 传统办公室将会消失。所以今天我们砸掉办公室，让办公室朝着消失的方向越来越近。

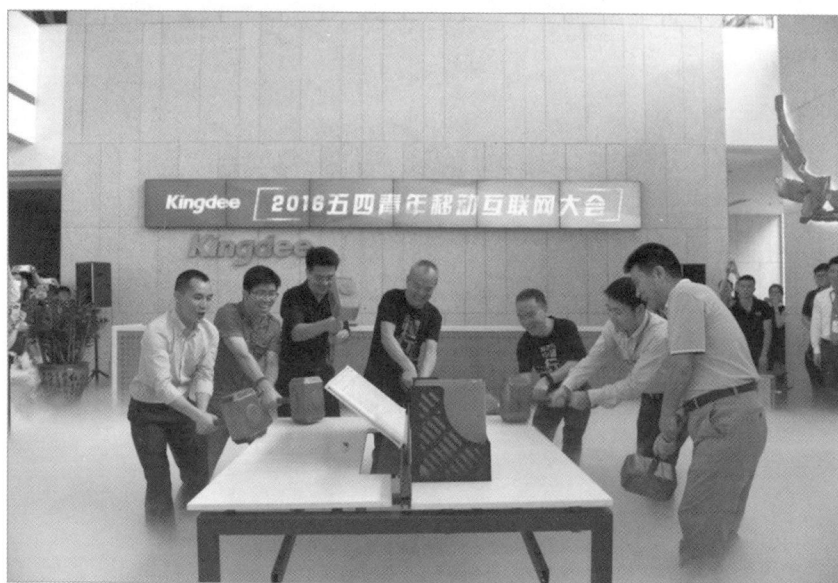

办公室消失了，砸掉了，我们到底要到哪里去办公？要移动办公、时尚办公、潮流办公，我们要逐步淘汰固定办公。我们要创造新的、时尚的、创意的移动办公空间，创造一种新的办公模式。

2017 年的 5 月 4 日我再次砸掉了 ERP 和象征老板身份的老板椅，提出"人人都是 CEO"的概念，因为未来的企业管理不再是单个企业个体，而是面向人人。员工如何最大限度地激发自我价值，就是时刻以 CEO 的视野、智慧、能力及具备主人翁精神，拥有 CEO 的负重感，需要"无所待而行"。个体崛起带来的必然是企业对于"激活"的需求，激活个体和组织，从而激发员工无限的可能。

未来已来，而且正在流行。人工智能、大数据、AR/VR 这些技术都会快速融入我们日常的工作和生活。尤其是办公场景，究竟会有一场什么样的革命在等待着我们？未来每个人又将在一种什么样的模式下办公？

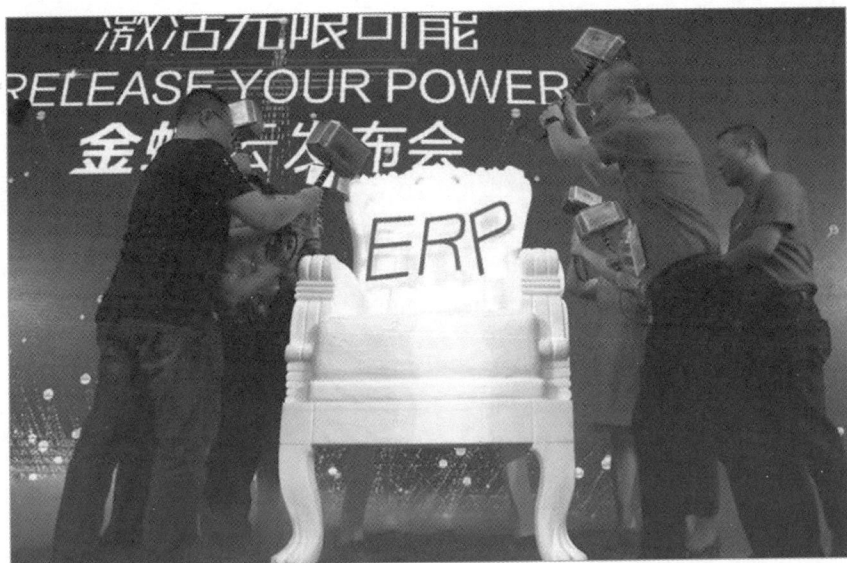

移动办公一定是未来的趋势，国内和国际的互联网、高科技巨头都在纷纷进入这个领域。金蝶为了改变亿万人的工作方式已经深耕了七年，这么长的时间里我们看到了很多移动办公领域的同行前赴后继、此消彼长，但是谁能在激烈的竞争中胜出并最终引领创新的工作方式？

得知金蝶云之家首席用户体验架构师邓俊杰受中国铁道出版社邀请来写一本关于移动办公的书籍十分欣慰。邓俊杰从加入金蝶开始组建云之家用户体验部起，已经跟云之家走过了 V5、V6、V7、V8、V9 几个重要的阶段，这几年也正是移动办公市场风起云涌、云之家快速发展的阶段。云之家承载了金蝶二十多年企业服务的经验，更是在移动办公领域奋战了多年，很高兴我们的金蝶人能够给业界同行分享这样的经验。

本书从移动办公的概念开始讲起，带大家认识什么是真正的移动办公，分析了当前的市场格局和现代企业的管理痛点，介绍了移动办公的典型场景和在不同规模企业中的应用。还通过大量的移动办公产品设计经验和企业移动转型案例的介绍来传递产品理念。书中最后还展望了未来趋势，让大家更全面地了解我们的这个行业。

我们处在一个飞速发展的时代，亿万人工作方式的改变即将到来。从现在开启属于你的移动办公新时代，做一个移动办公新青年！

金蝶国际董事局主席　徐少春

　　非常荣幸获得中国铁道出版社的邀约来出版一本关于移动办公这个领域的书籍。在从事移动办公产品设计开发的这几年里，虽然陆陆续续有不少观察和想法，但是都是零零碎碎的，不成体系，一时间也不知道如何开始这本书的写作。经过与出版社编辑反复交流，以及与团队内部同事沟通才初步定下了一个写作方向。我也特别去查看了市面上与移动办公相关的书籍，主要有两大类：第一类是与个人工作效率提升相关，即主要是介绍各类工作的方法、提升效率的工具；第二类则是与远程办公、在家办公相关，介绍社会趋势和企业实践的案例。但是，还没有真正找到一本介绍我们这个行业的书籍，所以我认为有必要去写一本关于移动办公行业、产品的科普类书籍。

　　很多人只是简单地把移动办公理解为用手机办公，或者不去公司办公，这只是非常浅层次的移动办公。移动办公真正的意义不仅仅是对于个体的价值，而是对团队管理、企业经营、社会发展都会带来深远的影响。所以，移动办公可能是与我们每个人都密切相关的一个事物，我们每个人都有必要去了解它的出现、发展及未来。为什么这么多行业巨头都在纷纷布局这个市场，当前的市场格局究竟是什么样，未来的趋势会是如何？这是我们都有必要去关心的问题。尤其是期望进行企业移动化转型的管理者更应该积极地去了解移动办公的发展和市场格局。

移动办公市场和移动互联网的发展息息相关，本书的初稿写于2017年初，因此，也许到真正出版的时候市场格局已经日新月异了，我们自己的产品也正在打造最新版本。这从侧面反映了我们这个时代变化之快，我所在的行业竞争压力之大，而这也正是我们这些打造移动办公平台的从业者不断思考和前进的动力。

书中提到的诸多分析、想法仅代表个人观点，所以也特别请各位读者、同行予以斧正。这本书初稿完成的时间是2017年的5月4日，正值五四青年节，也是我们金蝶公司在北京大学发布金蝶云的重要时刻。来到金蝶云之家团队短短几年时间看到公司一直在打破旧的思维，不断突破自己，而我们的移动办公产品云之家也在每个版本中稳步前进，这也给我编写这本书提供了很多思考的方向。

这本书虽然是我自己主笔，但是在写作过程中也得到了不少同事的鼓励，并且给我提供了非常翔实的数据和案例，因此这本书能够顺利完成离不开大家共同的努力。也正是不少领导的鼓励才让我有信心完成所有的篇章。在这里要特别感谢给予我工作和写作提供了各种帮助的同事们，你们是一群专业而又可爱的移动办公行家。最后也要特别感谢中国铁道出版社的信任，以及编辑Sophie对我的指导和帮助。

编者

2017 年 12 月

目 录

什么是移动办公

第一章

■■■■■

1.1　移动互联网下的工作方式

这是一个"互联网+"的时代，更是一个"移动互联网+"的时代。手机配置的增强，网络速度的提升，流量资费的降低，促成了移动互联网的高速发展。各行各业都已经开始纷纷拥抱移动互联网，移动互联网+的时代是人类开始移动生活的时代。在家里点点手机就可以买菜，可以找个厨师上门做饭，可以找个阿姨打扫卫生，可以找个美容师按摩美甲、维修家电，甚至给宠物洗澡美容。衣食住行、消费、理财、娱乐、教育都是可以通过手机来预定、支付和享受服务。

那么跟生活场景相对应的工作场景呢？人们对工作的认识却很难达成一致，有的人认为工作是生活的一部分，工作是为了更好地生活；有的人认为工作和生活应该分开，工作很烦、压力大，不要影响生活；有的人认为工作是快乐的、有成就感的；还有的人认为工作只是为了养家糊口。如果说移动互联网+的生活是让人轻松的，那么移动互联网+的工作是否也同样可以让人轻松呢？

试想一下，如果我们的工作并不需要正襟危坐在办公桌前，不需要整日对着计算机运指如飞，不需要在单调的会议室里开着冗长枯燥的会议，不需要每天急急忙忙承受上下班交通拥堵的烦恼，不需要处理堆积如山的文件或是复杂的电子流程，这样的工作方式会不会让你期望呢？

为什么不让你在每天至少三分之一的时间里更轻松快乐一点呢？亿万人的工作方式又将如何去改变？

目前市面上涌现了不少移动办公应用，提供了很多声称提升效率的功能，或是强调"使命必达"、24 小时工作，出发点似乎都是基于公司层面或者管理者的诉求，这就很难让基层的工作者产生共鸣。人性都是懒惰的，所以国外的移动办公平台 Slack 就提出了"Be Less Busy"（少忙一点）的口号，这显然更具亲和力一些。

就工作本身而言，对于大部分工作者都很难拥有一份"钱多事少离家近"的工作，有时候你不得不面对工作中令人劳累、厌烦甚至沮丧的部分。但是正如前所述，移动互联网改变了我们的生活，那么移动办公应用将如何让你轻松享受工作呢？主要有以下三个方面。

（1）自由掌握工作时间

注意，这里不是让公司掌握你的时间，而是让你自己掌握工作的时间。一般情况下，工作都是一个 Teamwork，团队中的每个人职责不同，业务内容也不同，但是大家有着相同的目标，可能都是为同一个项目而工作。举个简单的例子，一个团队中有人做产品规划，有人做界面设计，有人编写代码，有人做运营，有人做市场推广等。传统的工作方式都是要求大家在相同的时间上下班，坐在相同的地方在一起工作，不同领域的人要频繁地开会讨论，认为这样聚在一起面对面交流可以提高效率。但是如果聚焦到个体，每个人在每天的每个时段，每周的每一天，工作劲头和效率都不一样，本来大家做的事情就不一样，是否一定需要每个不同业务的人都同时同地工作？

例如，有的工程师喜欢早上头脑清醒时编写代码，有的设计师喜欢深夜安静的时候做设计。大家同时同地的工作，固然面对面交流方便，但是吵吵嚷嚷的环境是否又互相影响从而降低了效率呢？其实对于目标责任制的公司项目，大家约定好各领域输出物的交付时间以及需要配合联调的时间，剩下的时间就应该可以自由支配。比较理想的做法是团队管理者或是项目经理通过任务功能制订好项目计划、各领域的交付时间点，安排若干需要一起配合的时间，然后团队成员就可以各司其职自由支配时间。团队的日常交流可以利用即时通信的功能，大家可以约定只讨论工作相关的内容，项目相关的工作文档、资料通过文件系统管理起来。同时，重要消息会给相关人发送短信，不会耽误团队工作。有不少团队会在微信中建立会话组讨论工作，但是微信是一款个人社交应用，难免会产生很多跟工作无关的内容，这样就会导致工作和生活交织在一起。

这样的工作方式对每个人的职业化素质提出了高要求，可能对一些大公司的管理也是一种挑战，但是这样的工作方式更人性化，能更好地利用每个人的高效工作时间。之前也有公司提出员工可以在工作日选择一天在家办公，其实也是表达了类似的期望。如果员工能掌握自己的工作时间，自然会让工作轻松一些，这对于那些认为工作是迫不得已的人来说可能会是一种改观，对于热爱工作的人来说则可以创造更多的价值。

（2）轻松管理人和事

管理其实是项复杂的工作，不论对于公司还是团队都不能回避。我认为高效的团队不需要花费非常大的精力在管理上，优秀的团队和个人都能自我管理。如果一个团队需要领导强调 KPI，考察每个人的工作时间、工作态度、制定复杂的工作流程，那么这个团队的战斗力应该不会很高。如果员工个人没有自我管理的意识，没有团队配合、自我提升的精神，只满足于自己的一亩三分地，那么这样的员工你会发现工作了很多年还是没有长进。

这样说并不是指管理就不重要了，轻量级的管理对于公司和团队仍然需要。例如，前面提到的项目管理，这对团队成员的目标和交付时间点认识一致有帮助，也能帮助管理者掌握项目进展。平时也会有一些组织的管理，例如组织架构更新，员工信息维护等，这些管理则是为了方便团队沟通。如果工作时间和地点自由了,那么团队的线上交流就很重要,要保证团队成员信息的准确。

还有日常一些让员工感觉复杂或是耗时的电子流,如报销、请假等。这些也是公司管理的行为,好的移动办公产品也会提供简单的轻应用来满足这样的管理需求。

(3)方便的沟通交流

内部交流的便捷性自然不用说,如果大家的工作时间自由、地点自由,那么线上的交流就十分有必要。除了内部团队成员之间的交流,还会有与外部合作方、上下游之间的交流,因此消息、邮件、电话、语音会议、视频会议要做到可以即时发起,并且能快速找到需要联系的人。不同的交流途径适用于不同的场景,每个人可以根据事情的轻重缓急、对方的时间安排来选择不同的途径,有效沟通就是团队协作的根本。

对于很多团队来说,和购买产品的用户或是潜在用户进行交流也是一项非常重要的工作。例如,小米公司就要求全员当客服,工程师、设计师、产品经理每天至少要 15 分钟在线上直接跟用户交流获取反馈和产品改进意见。传统的公司,通常是把跟用户沟通的工作全部交给全职的客服。客服首先要接受培训,然后上岗,遇到不能解决的问题再走一定的流程到内部,然后再返回给用户。对于用户来说可能等待反馈的时间长,或是由于客服并非真实的产品设计研发人员不能很好地解答。而公司可能只有一个热线电话,内部的产品经理、开发人员、设计师可能想跟用户交流却没有合适的途径,或是比较麻烦。

一款好的移动办公产品应该帮助内部团队和外部建立方便沟通的桥梁。

比如，金蝶云之家除了提供各种通信能力，保证内外沟通外，还提供了微社区的能力，如果一个公司开通了微社区，那么购买该公司产品的用户可以通过微信直接向产品经理、工程师、设计师来提问。对于公司内的产品团队人员来说，能直接感受到用户对产品的反馈，并且比客服能更好地回答用户提问。同样，交流的方式也不需要在公司办公桌边守着固定电话，或是在论坛里一个个找，只需在有用户@自己提问的时候就可以在任意时间和地点轻松回复问题。用户能得到专门的产品团队人员回复，可信度准确度更高，体验自然也会提高。通过与用户的直接交流，产品团队人员对产品的改进方向也会更明确（见下图）。

微信则有着得天独厚的优势，因为基本上每个人都有微信账号，建立起的沟通桥梁也会非常便捷，不需要额外下载和注册账号，企业微信也可以利用微信的社交网络优势。但是有一点不方便的是，用户能接触到的可能是企业的官方微信公众号或者客服，与内部的关键角色建立连接会比较困难。

钉钉则是利用免费电话吸引用户，相对于微信，钉钉的优势使阿里巴巴拥有诸多的小微企业客户，这些客户对日常通信费用更加敏感，因此免费电话是帮助小微企业内外建立连接的利器（见下图）。

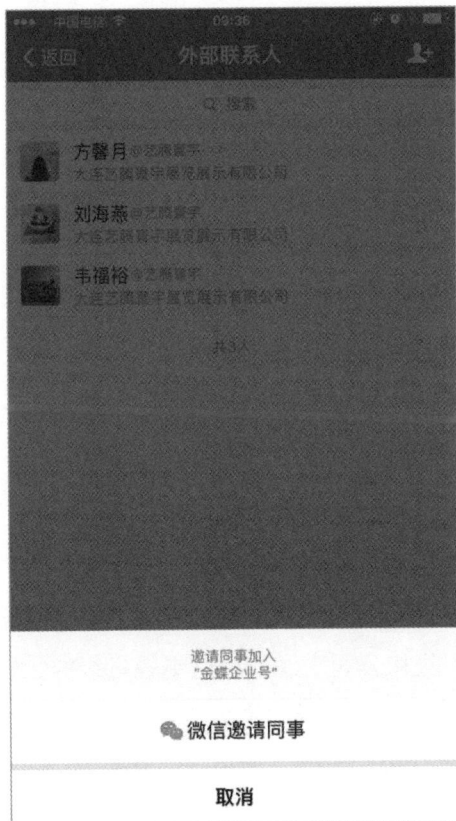

前面介绍的利用移动办公产品带来的个人工作上的变化，只是移动办公的一个缩影，这里只是参照移动互联网+下的生活方式对移动办公做一个简单的介绍（见下图）。

我们可以看到，移动互联网+下的工作方式，对于员工个人来说工作时间应该是更自由的，可以充分利用员工的高效时间从而创造更大的价值；对于团队和公司来说管理是更轻量级的，没有复杂的流程，团队成员之间的交流是更顺畅和聚焦的，降低了管理成本；对于内外部的沟通交流要更直接和方便，与用户的互动增强，帮助产品更快改进。或许工作上的交付物并没有改变，但是时间自由了，沟通顺畅了，方式简单了，就会让人感到一种与众不同的轻松。

■ ■ ■ ■ ■

1.2 移动办公产品的终极目的

1. 企业的诉求是什么

通常情况下，普通人的工作日大约是由三个 8 小时构成，8 小时睡眠，8 小时工作，8 小时生活。但是随着移动互联网的发展，不少人的工作和生活的时间也在渐渐模糊，有的人下班了还要通过手机来处理工作上的事情。同样的，有的人上班的时候也在刷朋友圈或是跟好友聊着与工作不相干的事情。随着智能手机的普及，让很多工作通过手机处理变得简单；无线网络的覆盖率增大、速度提升、资费下降也让员工一直网络在线。这两个趋势使得移动办公应用如雨后春笋般显现出来。

正如前所述，因为移动互联网的发展，消费者的衣食住行似乎都已经被各类移动互联网应用所占据，所以很多公司也将触角伸向了企业服务市场。从市值千亿美金级的巨头，到大学毕业不久的创业者都推出了不同形态的移动办公应用产品。但是我们至今却很难看到一家独大的局面，因为企业的诉求和个人的诉求相差太远，而移动办公应用要在二者之间达到平衡也是难上加难。

移动办公产品为什么难做？主要有以下三个难点。

（1）难点一：对企业需求的理解

市值千亿美金级的公司，或许对个人消费者的七情六欲有着深刻的了解，可以创造一种新的生活方式，但是论了解企业，如果没有跟成千上万家的企业有过合作，则很难把握企业的核心需求。小型的创业团队如果想进军这个领域自然更是困难重重，甚至可以说几乎没有可能会长久存活下去。

（2）难点二：对工作四个维度的认知

通常一份工作有四个维度：一是岗位工作，就是我们普遍理解的行业工作。例如司机开车、会计算账、厨师做菜、设计师作图、程序员编程等。不同的行业，岗位工作可以说差别巨大。二是通用工作，这类工作不像行业工作那样有很大差别，如收发邮件、电话会议、任务待办、项目管理、文件共享等。因为比较通用，所以绝大多数移动办公的应用都聚焦在这个维度。三是流程工作，如考勤、请假、报销、审批、信息安全等，但是不同公司对同一个流程工作要求可能差别非常大。四是辅助工作，如同事之间的互动、日常工作的分享、培训、团队活动、公司文化建设等。如果一个公司没有辅助工作，前面几个维度的工作可能也要打折扣。

（3）难点三：团队内部推行困难

一款移动办公应用通常不是用户各做各的，而是需要一个团队内的成员一起用才能发挥最大价值，甚至还要跟公司已有的系统进行对接。作为一个普通的基层员工，对于工作相关的应用，他很难去要求对其不了解的同事一起使用，更别说去推动对接公司系统了。人性都是懒惰的，如果这个人不是你的上级，只是同事让你去下载、注册、登录、学习一款与工作相关的应用，这很难让人产生兴趣，甚至反感。

2. 移动办公产品的终极目的

市面上绝大部分的移动办公应用都声称提高工作效率，或是让人们将工作与生活分开，不要在微信里谈工作，其实是提供给用户一种聚焦工作、提高效率、随时随地的办公工具。正如前所述，这里聚焦的工作一般都是工作的第二个维度，即"通用工作"，但是这样的定位通常是移动办公应用初级的定位，也是较容易想到和实现的。

我们的用户体验团队就做过相关调研，当前使用移动办公应用的用户大概70%以上都是在工作时间和工作地点使用（见下图）。数据表明，很多人不会想着所谓的随时随地工作，认为上班就是上班，甚至因为反正都是工作时间，效率是否提升可能也吸引不了他们。

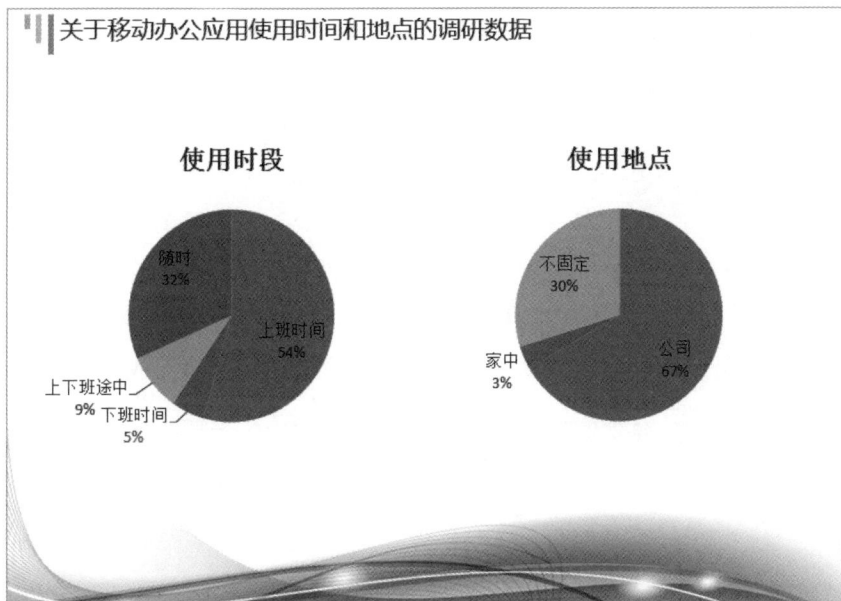

关于移动办公应用使用时间和地点的调研数据

使用时段

- 随时 32%
- 上班时间 54%
- 上下班途中 9%
- 下班时间 5%

使用地点

- 不固定 30%
- 公司 67%
- 家中 3%

淘宝改变了我们购物的方式，滴滴出行改变了我们出行的方式，陌陌改变了我们的交友方式，那么，移动办公应用的终极目的是什么？很显然是改变人们的工作方式。当前很多的移动办公应用如果只是定位在提升工作效率，开发一些很容易被替代的工具、应用，简单地让用户在手机上处理通用工作，那么这样的视野是比较窄的。

一个团队的管理者一般都会对自己负责的项目、团队成员、各种资源有着本能的控制欲，期望所有事情可控制，成员交流的透明，下属对自己的指令能快速反馈。作为团队成员通常有受迫或从众的心理，更多时候他们对管理者在非工作时间的指令，或是来自同事@自己的消息是可能有排斥心理的。

一款好的移动办公应用，它既要满足管理者的控制欲，又要给予团队成员足够的自由度，同时还要让公司低成本运作，它的目标是要能引领一种新的工作方式。移动办公不仅仅是单纯地用手机办公，不是因为手机是移动设备，所以就是移动办公了。在新的工作方式下，每个人的上班行为应该更自由，你在公司里和别人争得面红耳赤，而我可能在咖啡馆里悠闲地编写代码；你可能吃了午饭才来上班，而我已经下班回家，没有人为上下班堵车烦心。公司里的考勤、会议、电子流、KPI、上下级关系可能都会渐渐弱化。工作形式的改变，公司管理方式的改变，工作者的思想也在改变。工作中不合理、令人厌烦的事情也可能渐渐消失。真正的移动办公应用无疑是要促成这种更人性的工作方式，凝聚信任、激活团队创造力，这才是移动办公产品的终极目的。

1.3 移动办公的本质

任何产品的诞生一定是它找到了需要解决的问题、长期存在的痛点，或者潜在的需求。定位的问题越准确，痛点越精准，需求越强烈，那么对应的产品就越可能获得成功，因为它找到了自己的本质，对本质的把握越精准，在产品的设计、开发、推广上就会更加有的放矢。很多昙花一现的产品多半是没有很好地解决实际问题，或者解决的痛点不精准，抑或是一种伪潜在需求。

相同领域里的问题、痛点、需求并不是一成不变的，可能会随着社会的发展、科技的进步逐渐改变。而不同的人群会因为自己的年龄、性别、家庭情况、工作性质、知识层次的不同表现出不同的诉求。

1. 关于滴滴出行的分析

以大家都比较熟悉的打车案例为例，在滴滴出行这样的产品未推出之前，打车的过程中会有哪些问题、痛点和需求呢？

首先从问题方面来看。乘客一方并不知道什么地方有车，站在路边等了半天也看不到一辆空车，有时候好不容易来了一辆空车结果司机要交班又不愿意接单，而司机一方则不知道什么地方有需要打车的人，只能凭自己的经验，耗费大量的汽油到处开着招揽生意。但是滴滴出行平台则很好地解决了这个问题，乘客可以知道周边是不是有空闲的车辆，司机则可以知道离自己最近的一个需要用车的乘客，它很巧妙地把需要用车的乘客和正在招揽生意的司机连接起来。

其次从痛点方面来看。打车整个过程中其实有很多个痛点，作为乘客来说需要等在路边忍受风吹日晒。如果是雨雪天气则更是难受和不方便，滴滴出行就可以让你先订好车，等车差不多开到门口的时候再出门，让整个用车过程更从容。作为司机则很怕遇到讲不清地址的乘客，原先上车之后需要口头交流目的地的情况，在滴滴出行平台上已经变成了接单后就已经规划好了线路。无论是司机还是乘客，最怕的就是遇到堵车的情况，于是滴滴出行平台上规划的线路是根据实时的路况进行计算推荐，尽可能做到避开拥堵路段并选择最短路线。到达目的地后，以前需要用现金支付车费，对于乘客和司机双方都有诸多不便，有可能收到假币，乘客甚至会对费用有异议，在滴滴出行上则通过预先计算车费并采用电子线上支付的方式，让乘客真正做到下车即走。

最后从潜在需求来看。其实解决了上面的问题和痛点后，就已经是一款很不错的产品了，因为已经解决了打车过程中非常通用的问题和痛点，但是不代表它不可以再改进了。一个很明显的潜在需求就是一个城市里计程车的数量是有限的，而打车的需求无时无刻，特别是上下班高峰时刻，为什么不利用城市里其他的私家车？前面也提到了不同的人群因为各自背景的不同也会有不同诉求，有的人希望费用更优惠，有的人希望更安全。有的私家车司机专职接单，而有的只是顺路接单，有的甚至还需要代驾。各种潜在需求都会逐渐显现，所以滴滴出行又根据不同人群推出了快车、拼车、顺风车等相对快捷优惠的服务，也有专车、出租车、敬老出租等更为专业的服务，还有代驾、试驾、自驾租车等特殊的服务。

所以，滴滴出行的本质是什么？从上面的分析不难得出结论，滴滴出行不是简单地满足了乘客打车效率的问题，更是从多个维度解决了出行用车的难题，充分考虑到不同乘客、司机的诉求。如果用一句话来描述滴滴出行这款产品的本质，那就是解决了出行难题（见下图）。

2. 移动办公的本质

（1）如何定义"移动"

通过对滴滴出行的剖析，我们再来看看移动办公的本质。有人说2015 年是移动办公市场的元年，因为这一年不仅有像深耕企业市场多年的金蝶云之家，也有像阿里钉钉这样的互联网巨头，还有国外的独角兽 Slack。除此之外，各种大大小小知名和不知名的移动办公 APP如雨后春笋般涌现出来，颇有当年各种团购网站"百团大战"的情景。这些产品无一例外地将工作场景作为切入口，有的定位于企业社交，有的定位于团队协作；有的定位于流程审批；有的当作工作入口提升工作效率，有的倡导手机办公可以随时随地工作，还有的则在打造连接各种专业应用的平台。林林总总，这些产品是否抓住了移动办公的本质呢？

移动信息化研究中心出具的一份《2016年移动办公全景报告》中指出："**根据狄利克雷函数的移动办公解析，移动办公是碎片化解决企业生产、销售、运营、管理四大核心问题。你永远无法定义它的边际，但它客观存在。**"这个定义从描述上似乎有点笼统，一方面感觉移动办公会涉及工作的方方面面，另一方面又很难做出很精准的概括。

2016年因为资本"寒冬"，加上许多产品本身的定位不清晰，以及对移动办公本质理解的偏差，淘汰了不少移动办公产品，因此，移动办公的市场格局也渐渐明晰。到2017年，一定是只有正确认识到移动办公本质的产品才会体现出生命力，并且在残酷的竞争中存活下来。所以，移动办公的本质究竟是什么？

如何定义"移动"？首先，不少人认为移动办公中的"移动"是指用手机这种智能移动设备办公，因为现在移动互联网发达，特别是在大城市，高速移动网络覆盖面广，加上手机的性能提升、硬件配置增强，为大家用手机处理工作奠定了基础。不过，移动设备并不是只有智能手机，如Pad、智能手表、手环、笔记本电脑其实都是移动设备，这些移动设备也可以或多或少地处理工作（见下图）。这就有别于使用公司给员工专门配备的不可随时移动的台式计算机工作。

其次，"移动"的另一个解释应该是地点的不固定，不同于每天长时间在固定地址的公司、固定的工位上办公，现代人或许已经不再局限于某一个固定地点开展工作。我们可能在家中，可能在咖啡馆，可能在公园、海滩，可能在酒店，甚至在多个地点进行切换。这种工作地点的切换并不一定是岗位工作的需要（如销售、市场外出见客户），而是一种更为自由的选择。

最后，"移动"还有一个维度是人的状态处于不稳定中，即不一定是在自己的办公桌前对着计算机正襟危坐，有可能正在坐车、开车，有可能正在跑步、运动，还有可能在飞机、高铁上，这个时候能处理的工作内容又会有很大的不同（见下图）。

不难看出，移动办公就是针对操作设备从固定到移动、办公地点从确定到变化、员工状态从静止到运动三种不同维度的移动给出综合的解决方案。

但是，这里也需要分析移动办公中的"办公"两个字。所谓的"办公"应该如何理解？难道说移动办公应用可以帮你完成各种工作吗？

关于工作的四个维度，前面章节已经有了简单介绍，下面将在后面的章节进行详细分析，很显然移动办公中的"办公"肯定不能帮助你完成"岗位"工作。岗位工作就是指需要一定的知识、技能，并且直接能产生结果的工作，比如厨师炒菜、教师上课、司机开车、程序员编代码、设计师绘图，俗称"饭碗"。移动办公不是让你通过移动办公的应用去完成你的"饭碗"工作，这样的工作仍然需要你自己去利用一定的知识和技能并配合合适的生产工具完成。

所以，移动办公的本质并不是让你随时随地工作，因为有些工作你不可能随时随地完成；移动办公的本质也不是让你用手机办公，因为即使手机是个人信息处理的中心，功能强大，但是很多工作用手机完成不了；移动办公的本质同样不是提升工作效率，因为当你用手机在咖啡馆、在跑步时的工作效率不会比你在办公桌前聚精会神的工作效率高。

（2）沟通是移动办公的本质

如果说滴滴出行的本质是解决出行难题，那么移动办公的本质就是解决工作中的沟通问题。有人会说，日常沟通用微信、电话不就已经足够了吗？这里说的"沟通"并不是简单的消息、邮件、电话或是面对面交谈。除了这种直接沟通之外，工作中涉及的会议、汇报、流程、培训、分享都是沟通（见下图）。沟通是团队协作的必要环节。

既然是工作中的沟通，那么和日常生活中的沟通就有很大区别。工作中的沟通首先对象就会有很多不同类型，内部有上司、下属、同级别和跨部门的同事、高层领导等，外部有甲方、乙方、合作伙伴、上下游、用户等。与这些人谈工作上的事情，在沟通上会有很大区别。也许你们在微信上是好友关系，但是一旦涉及"正事"自然要公事公办，不可能那么随意。

　　工作中的沟通在内容上有的是有严格时间要求的会议通知，有的是涉及信息安全的文件资料，有的是需要持续跟踪的工作任务，有的是涉及多方协作的流程审批。很显然仅仅依靠普通的社交软件无法完成有效的工作沟通，还会有各种安全隐患，这无论是对沟通双方还是企业都是不合适的。

　　工作中的沟通在形式上也会多样化，普通的社交软件也提供了多样化的沟通方式，比如消息、录音、语音/视频电话。但是沟通内容种类繁多，对沟通的形式自然也有对应的要求，不可能一招通吃。不同的沟通形式又意味着留底、证明、过程记录、结果跟踪，这些都是工作沟通中所需要的严谨。

　　为什么很多人反感用个人社交应用谈论工作？从上面的分析不难看出，工作中的沟通涉及的对象、内容、形式的不同，不同的对象有很严格的区别对待，不同的内容又需要不同的沟通形式，如果把这些要求统一塞入个人社交软件中，跟亲朋好友之间的沟通混杂在一起，难免会让人感觉"分裂"，甚至会因为个人疏忽导致不必要的错误和尴尬。

不同的办公设备，不同的办公地点，成员不固定的状态，就必然对于工作中的沟通提出了很多挑战。我在计算机前给你提交了一个流程审批，如果你同样在计算机前可能会立即看到一个待处理事项，但是如果这个时候你不在计算机前可能就没有看到。我要跟你讨论一个方案，如果你就在旁边，那么我们马上就可以当面写写画画，但是你现在根本就不在办公室，那么我们还能不能讨论？我要召集一个项目会议，如果项目组成员就在一个办公室，那么我们马上就可以找一个空闲的会议室开始会议，但是如果你正在公园跑步，他正在出租车上，还有人在家中，我们这个会还能不能开？

可见移动办公的本质不是所谓的随时随地办公，不是用手机办公，也不能帮你完成岗位工作，而是去解决工作中各种各样的沟通问题。除了同公司普通员工之间的沟通，还有上下级之间的沟通，还有内部员工与外部商务伙伴、客户、用户的沟通，如果上升到公司层面，还有企业与员工之间的沟通，甚至是企业与企业之间的沟通。

移动办公就是要全面解决各类沟通的体验，杜绝无效沟通，减少沟通时间，改善沟通方式，提升沟通效率，促进沟通和谐。这就是移动办公的本质。

1.4　从工作的四个维度看移动办公

在前面的章节中对工作做了四个维度的定义，只有将工作进行合理分解才能更好地"对症下药"。移动办公产品针对不同维度的工作能起到的作用并不相同，所以如果一款移动办公产品声称自己可以将工作效率提升了多少百分比，但是并没有提在哪个维度的工作效率提升了，那么可能对你的帮助并不大。举一个简单的例子，你是一名设计师，刚刚参加工作，公司设计岗位所要求的软件你还使用得不熟练，那么移动办公产品无论如何也是无法提升你在这个维度工作上的效率。所以，有必要对工作的四个维度再做一次深入的分析，并且看看不同维度的工作和移动办公的结合点。

1. 维度一：岗位工作

工作的第一个维度是岗位工作，就是我们俗称的"饭碗"，代表着一个人的职业。比如老师上课、司机开车、厨师炒菜、会计算账、设计师画图、程序员编代码，等等。每个不同岗位工作的内容差别非常大，通常都是需要对应的知识、技能，需要使用特定的工具或设备等。但是岗位工作有个共同点就是它直接产生了价值或者有一定的输出物，也可以在很大程度上衡量一个人的绩效。

岗位工作的效率和完成质量基本上都是来自专业知识的掌握层次、工作经验的积累和工具的使用熟练程度等。有一些针对不同岗位工作的软件，比如 GPS 导航可以帮助司机开车，Sketch 可以帮助设计师作图等，或许在以后人工智能飞速发展，不少岗位工作会被机器替代，不过就短时间而言，岗位工作还是需要工作者自己去完成（见下图）。因为不同的岗位工作要求特定的工作环境、特定的知识技能，以及特定的工具，所以很难用一套通用的软件来分别提高不同岗位工作的效率。

有一些应用的确可以辅助部分岗位工作，比如针对帮助销售岗位管理客户的 CRM 应用，帮助 HR 岗位的招聘应用，也是具备移动的特征，可以在手机上随时使用。但是与上面举例的 GPS、Sketch

一样，它们都还不是全员应用，只是针对某些特定岗位。因此我们也不难得出一个结论，移动办公软件的主要作用并不是帮助你完成岗位工作。

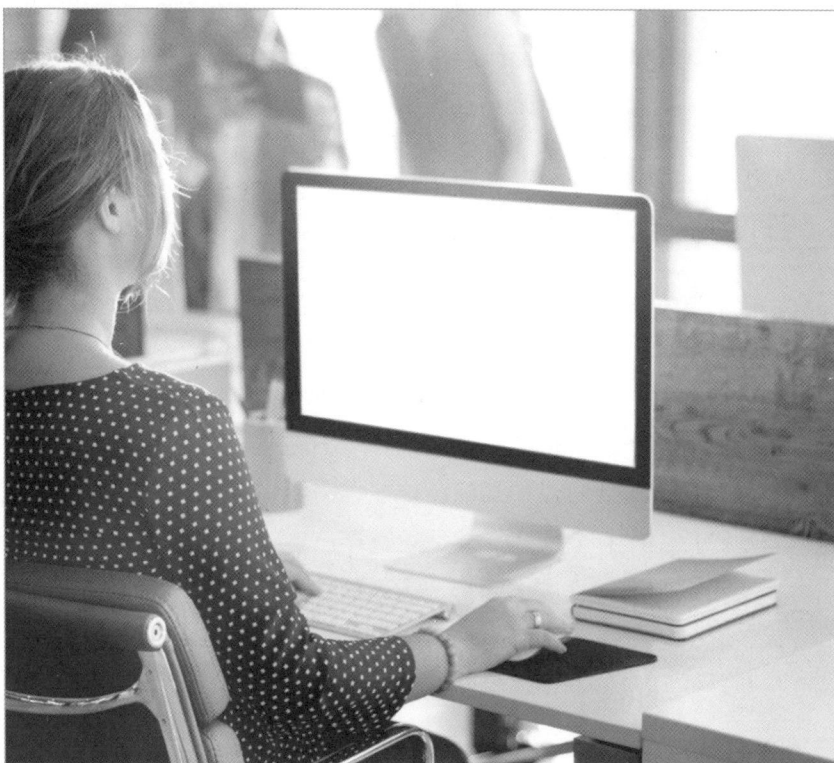

2. 维度二：通用工作

工作的第二个维度是通用工作，顾名思义，既然是通用工作就不会像岗位工作差别那么大，是更为抽象的工作，或者说处于不同的岗位也可能会需要做的工作。诸如工作交流、收发邮件、电话会议、任务待办、项目管理、文件共享，等等。不论你是设计师还是程序员，也不论你是销售还是 HR，不论你是高管还是基层员工，这样的通用工作你可能都需要处理。

如果把这些通用工作再抽象总结一下，其实就是团队的交流协作。现代社会的分工越来越细，一个项目组会有不同的角色各司其职，大家除了要完成自己的岗位工作，还需要通过这些通用工作进行相互衔接和配合。通用工作通常是为了更好地跟周边同事、相关岗位做好协调，明确上下游的工作职责、沟通时间计划等，正是因为这些工作的通用性，因此很多移动办公产品都是聚焦在这个维度。

通用工作不会像岗位工作那样有很直接、明确的价值输出，比如设计师做了一个方案、程序员编了一段代码、销售员签订了一份合同，一般来说，通用工作都可能比较烦琐和耗时，所以有时候难免会让人反感和排斥。但是通用工作又非常重要，就像我们很厌烦开会，但是很少有某个岗位工作是不需要开会的（见下图）。

如果说岗位工作是"饭碗"，代表一种核心竞争力，那么通用工作则更能体现一个人的职业化素养。这个时候移动办公在这些通用工

作上的优势就体现出来，为团队成员提供了多种沟通形式，文字的、语音的、视频的；即时的、滞后的、分优先级的；无论成员所处的状态、地点。把原先很多需要人工进行的提醒、推动、跟踪都由机器来完成，因此在这个维度上移动办公可以极大地提升工作的效率。

3. 维度三：流程工作

工作的第三个维度是流程工作，它通常是公司为了规范管理而开展的一系列工作，所以流程工作在不同的公司或者企业文化下差别会比较大，同一个流程工作在不同公司的要求也会显著不同。比如考勤、请假、报销、审批、出差申请、行政 IT 服务等都可以视为流程工作。以考勤为例，有的公司采取弹性的上班时间制度，每天只要保证一定的工时长度即可；而有的公司则是要求非常严格，迟到几分钟就会被扣工资或者通报批评；还有的公司是不同的员工有不同的上班时间，如三班倒。

不同公司里的通用工作是接近的，但是流程工作可能会因为公司制度不同，采取的流程处理软件不同而产生很大的差异。它和通用工作的相似点是同样不会产生像岗位工作那样直接、明确的输出，在员工看来更像是被公司要求去做的，有时候甚至是一种不得已的行为。如果一旦需要把大量时间和精力耗费在流程工作上，尤其是当流程工作比较复杂和琐碎的时候，员工也会产生较多的排斥情绪。

因此，不少 OA 转型移动办公的产品致力于解决这个维度的工作，此时如何让流程更方便地发起、审批人更高效地审批，流程的自动化、智能化是核心。很显然，流程工作如果可以用手机随时随地处理，即时接收到待办提醒，并配合即时通信等能力，流程工作的完成会更加高效。有一点需要考虑的就是不同公司的需求会不同，这就需要流程的配置具备很好的灵活性、拓展性（见下图）。

4. 维度四：辅助工作

工作的第四个维度是辅助工作，从名称上看这类工作是起到辅助作用，如同事之间的互动、日常工作和知识的分享、员工培训、团队活动、公司文化建设等（见下图）。如果一个公司没有辅助工作，前面三个维度的工作可能也要大打折扣。辅助工作大多是一种潜移默化、重要不紧急的工作，和通用工作、流程工作一样也不会直接产生像岗位工作那样的直接、明确的输出。

辅助工作像团队的润滑剂，不仅可以促进团队的和谐，让成员之间沟通更顺畅，还能起到提升团队整体战斗力、激活个体的作用。很难想象一个组织中的成员只有岗位工作、通用工作和流程工作这三个维度的工作，这样的组织肯定是僵化、低效率、没有人情味的。

一款好的移动办公产品也必将对这个维度的工作很关注，比如提供团队成员之间交流分享的平台，培训平台、互助的社区，让大家畅所欲言，分享工作中的点点滴滴。同时，也让企业能够有效地宣传自己的企业文化，让员工个体充分被激活，让企业和员工之间无缝连接。

通过对工作的四个维度分析，不难看出移动办公产品需要发力的方向是通用工作、流程工作和辅助工作，只有这三个维度的工作被高效完成，员工就能有更多的时间和精力去完成岗位工作，从而提升工作满意度，组织的效率也会显著提高。

1.5　移动办公进化史

　　这个话题可能比较大，因为如果谈移动办公的进化，它会与通信技术的进步、互联网的发展、智能硬件的流行、工作方式的改变、社会文化的变革都有很大的关系。只有综合来看这些领域的变化，看到它们之间的相互影响，才能更深刻地认识到移动办公是如何进化的。

　　粗略来看可以把移动办公的进化分成四个阶段：未开始、初级、成熟和未来。

1.　移动办公的未开始阶段

　　移动办公的未开始阶段就是还没有真正意义上的移动办公，那个时候的工作环境是相对固定的，电话是固定的，工作所用的计算机也是固定的，笔记本电脑的使用还不普及，手机基本上都是功能机，互联网才刚开始起步。在这样一个技术环境下，移动办公本身就不具备充分的条件，特别是大家对工作的认识基本上还是停留在到固定的地点上班这样的情况下。所以，在这个阶段及在这之前更长的时间里移动办公都是处于未开始的阶段。

2.　移动办公的初级阶段

　　移动办公的初级阶段主要依赖移动互联网的发展和各类智能移

动设备的流行，这个阶段中很多"职场达人"开始体验移动办公，主要是为了个人工作效率的提升。比如，中谷健一写的《移动办公室工作术》一书中就提到在终身雇佣和正式聘用逐步减少的当今社会，工作方式也不再是固守一间公司，而开始以 IT 技术武装自己，凭借自身能力生存的形式转移。书中还提到了一个术语——Nomade-working，Nomade 是游牧民的意思，所以在职场中引申为"习惯在家中或咖啡厅等地进行远程办公的特殊人群"。

"工作不一定要在办公室进行，通过 IT 技术进行备份，随时随地都可以无障碍地进行工作。"这就是《移动办公室工作术》一书想表达的核心思想。如果可以在办公室以外的地点进行工作，就可以将零散的时间利用起来，不仅能提高效率，还可以利用场地的优势提高注意力，并激发出全新的灵感，创造私人时间。

中谷健一是这样描绘自己在办公室以外的"我的一天"的（见下表）。

时间	事项
08:30	出门，在地铁中查阅邮件和 Twitter，利用 Google Calendar 制作当天的日程表
10:00	约见客户，用笔记本电脑记录谈话内容，并且用 iPhone 的 Voice memo 进行语音备份
13:00	午餐后，在麦当劳边喝咖啡边准备晚上的演讲资料，并上传到 7-11 便利店的在线打印存储器
14:00	约见移动设备制造企业的客户。由于初次会面，不使用计算机而用手写记录
15:30	去往下一个地点的途中，在地铁车厢中将之前的记录文本输入计算机
16:00	下一个会面之前的空档，在车站的座椅上查阅邮件，紧急的邮件在这里就可以立即回复
16:20	来到 7-11 便利店，打印之前上传的文件
16:30	约见 Web 制造企业的客户，将打印资料交给对方并进行说明。谈话记录直接输入计算机并上传到云存储
18:30	在 Renoir 茶室将上午的会议记录补充完整，并以邮件形式发送。另外，从云存储上读取资料并起草其他文件
21:00	坐地铁回家。从 Twitter 和 RSS 上收集信息，利用 iPhone 的青空文库阅读太宰治的小说
24:00	在家中准备第二天需要的资料

我们可以看到，中谷健一在办公室以外的一天也是安排得非常紧凑，而且没有耽误任何工作，他熟练地利用智能手机、笔记本电脑、各种应用和云存储完成了几乎所有的工作。而诸如地铁、麦当劳、车站的座椅、便利店、茶室、家都是他的工作场所。也许他的工作的确有很多外勤的时间，而很多每天在固定办公楼里坐班的人比较难体会，但是像中谷健一这样追求工作效率的职场达人的确会充分利用各种条件为自己开展移动办公。

3. 移动办公的成熟阶段

随着移动互联网的飞速发展，更多的移动智能设备走入我们的生活，加上 Wi-Fi 网络的覆盖、4G 网络资费的下降，企业的日趋人性化，以及专业的移动办公平台的出现，让更多人开始移动办公。而现在，我们已经进入了一个移动办公的成熟阶段。

在移动办公的初级阶段里我们可以看到，职场达人利用的各种应用软件都是极其分散的，主要还是为了提升自己的工作效率，并没有体现出团体的移动办公。在如今移动办公已经日趋成熟的阶段，移动办公不再是那些熟悉 IT 的职场达人的特权，而是整个公司、内部同事和外部客户都已经接受的工作方式，曾经分散的"IT 武装"已经变成了集成的一套"日常装备"。

以金蝶云之家这种成熟的移动办公平台为例，可以把跟职场中相关的同事、外部客户、商务联系人、产品用户都高效连接起来，把曾经分散的消息、邮件、电话等沟通方式整合到一个平台中，可以建立一个长期的或者临时的项目组，并提供了方便的音频、视频会议。公司里涉及的流程、工作中涉及的云存储、不同设备之间的同步基本上都可以在一个平台中完成（见下图）。企业微信则是沿用了微信的强大社交和通信能力，同时更加聚焦企业内的沟通场景并配合轻便的 OA 让用户移动办公。

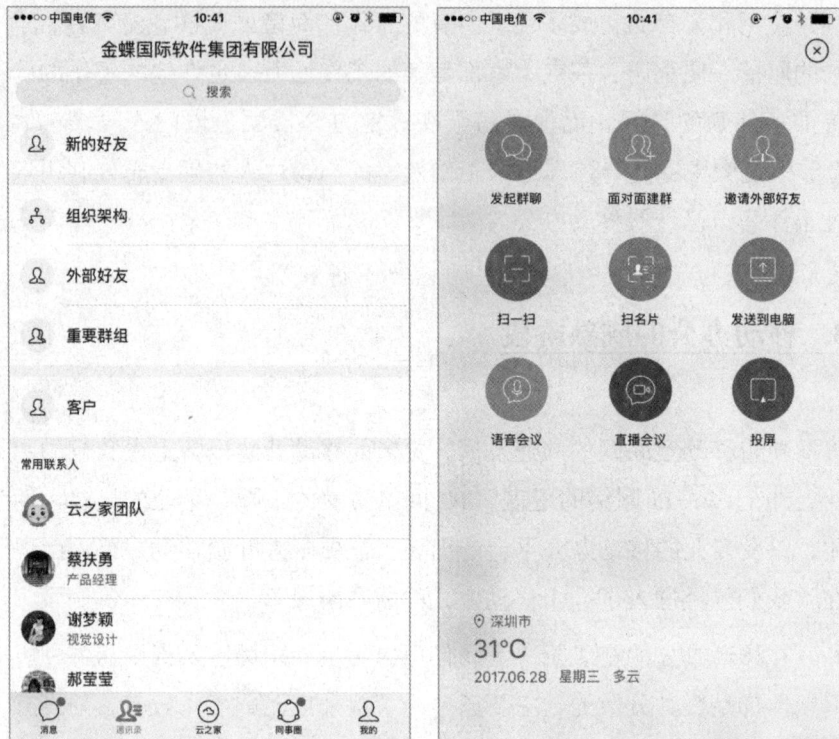

4. 移动办公的未来阶段

到 2017 年，当前最热的话题莫过于 AI 和 VR，这两项技术能力也势必在工作场景中发挥出作用。如果移动办公再往前一步，AI+工作和 VR+工作也一定会催生出很多独特的场景。同时，整个社会也在发生着深刻的变革，传统的雇佣关系可能会逐渐消亡，取而代之的是个体的崛起。

在赖安·库纳缇和杰里米·纽纳合著的《工作的未来——移动办

公及创业的另一种可能》一书中就提到，科技和生活方式的改变促使职场正经历着工业革命以来前所未有的转型。格子间、企业园区、朝九晚五按部就班地刻板工作将成为过去；旧的工作模式不仅越来越站不住脚，而且越来越不受欢迎；移动办公、碎片式雇佣、协同共享、创新经济正向我们走来；未来的职场规则是透明、合作、个性化和高度连接。个人将拥有更高的效率和更自由的生活，真正实现工作与家庭的平衡，将从追求工作的安全感转变为追求成就感。企业将创造新的、以人为中心的工作结构和公司文化，以更低的成本创造更高的价值。

配合便携的 VR 设备，移动办公可能更加自由和现场化，远在千里也身临其境，真正把办公室装进口袋中。AI 技术则可以让工作者从烦琐、重复、没有创造力的工作中解脱出来，从而让自己有更多的时间做有意义、高价值的事情。工作将回到以人为中心的本质，人们能真正做到谋生的同时将工作转变为自我实现之旅。

移动办公的市场格局

第二章

2.1 从群雄逐鹿到三国杀

1. 社交化移动办公软件类型

《IDC 中国社交化移动办公软件市场跟踪报告（2016 年）》中指出，2016 年中国社交化移动办公软件市场的累计注册用户达到 1.6 亿人，累计企业用户达到 1158.4 万家；同比 2015 年分别增长 92.4%和 87.2%。目前，社交+移动的办公方式已经被市场高度认可，并广泛应用到现实工作场景中。相较于传统协同市场增长乏力，社交化移动办公软件市场正呈现出高速增长态势。社交化的移动办公软件正在加速替代和颠覆传统协同办公软件市场。

IDC 将中国社交化移动办公软件划分为以下三个主要类型。

- **办公平台类**：自身提供移动办公 SaaS 应用，同时拥有平台资源，通过 SDK 或 Open API 的方式，可以与自身或其他厂商的各类系统集成，从而扩大产品的功能覆盖。此类产品以金蝶云之家和阿里钉钉为主要代表。

- **客户关系管理类**：以销售和客户管理为主打功能，目标用户为销售管理者及销售人员。纷享销客、销售易、红圈营销、外勤365 及用友超客是此类产品的典型代表。

- **协作办公类**：此类产品数量众多，如明道、今目标、iWorker、北森 Tita、Worktile、Teambition、群策、企明岛、石墨等。从产品的功能特点、目标客户量级还可以划分为团队级产品和企业级产品。

IDC 的分类是以"社交化"的移动办公软件为标准。除此之外，还有 HR、财务、OA 等专业领域的移动办公软件，如果再把行业专项（如政府、金融、教育、医疗等领域）的移动办公软件也纳入进来，整个市场上的产品可谓五花八门。基本上大家的目的都是盯住了移动办公市场这块"肥肉"，所以用群雄逐鹿来形容也不为过。

但是从 2015 年开始，国内的移动办公市场格局逐渐清晰起来。2015 年，深耕企业服务市场多年的金蝶旗下的云之家开始发力，已经揽获大量中大型企业客户；2015 年初，阿里巴巴的钉钉开始崭露头角，并且迅速抢夺大量小微企业；2016 年初，腾讯的企业微信推出，开始转化原微信及微信企业号中的巨大流量。

2. 腾讯推出企业微信

2015 年年中的时候，笔者曾经在一次公司内部的会议上推测微信可能会有专门针对企业的 APP，虽然当时不少同事觉得微信已经有了企业号没有必要再搞一个新的 APP，但是看到企业微信 APP 内测版的流出，印证了这个判断。

微信为什么要再推出一个企业微信 APP 呢？主要有以下三个原因。

（1）原微信用户对用微信讨论工作已经非常反感

微信是"一种生活方式"，但是当这个生活方式与工作讨论、任务指派关联起来后，就变得是一种压迫了。特别是有时消息发错群组也会尴尬。绝大部分职场人士都期望生活是生活、工作是工作，不会想随时随地工作或时时刻刻被同事、上司叨扰，除非真的是那些控制欲比较强的管理者或是创业先锋、工作狂。微信不仅是一个聊天的场所，更是一个分享、炫耀、展示自我的场所，有了太多的同事领导、商务联系人、业界同行反而让这种"晒"的行为变得谨慎不自由。

所以微信要把与工作相关的交流尽可能转移走，以此来提高微信这种生活方式的纯粹性。其实现在来看，这一步走得有点晚了，现在每个人的微信联系人都已经杂乱不堪，我们活在一个被微信绑架的时代。

（2）钉钉已经在企业社交领域抢先一步，而且势头很猛，腾讯作为在社交领域的王者自然不会任其发展

腾讯必然知道既然那么多人用微信谈论工作，这块需求就是实际存在的，与其被别人的产品满足，不如自己出马。何况钉钉针对性地提出是"一个工作方式"，这就意味着腾讯要用企业微信来满足工作场景。

（3）腾讯内部产品的的整合需求

RTX、企业 QQ、TIM、TM、微信企业号、微信电话本、企业邮箱、企业云盘、这些产品在很多应用场景下有重合，但是在内部却没有很好地整合起来。这些分散的产品不能形成合力，如果通过一个企业级的应用将这些产品有机连接起来，这些产品反而能发挥更大的价值。目前企业微信正在陆续推出一些轻便的 OA 功能，移动办公的方向日益凸显。

不论如何，这场企业领域的社交之战已经真正打响，社交是阿里巴巴最大的痛处。"来往"（现在已经改名为"点点虫"）与微信在个人社交领域的 PK 已经败下阵来，而强行推出社交功能的支付宝也是很难发挥社交价值。此次的企业社交可以说是阿里巴巴先发制人，虽然在用户数量上跟微信还相差甚远，但钉钉的确在短时间内产生了很大的知名度。

3. 企业微信、钉钉和云之家

就目前的产品形态来看，腾讯和阿里巴巴两家公司仍然缺少企业产品的基因，从产品形态上可以看出还不够了解企业诉求，也没有很好地平衡"公司""管理者""员工"三者的关系，这只能让企业微信和钉钉处于即时通信的水平，真正达到移动办公还有很长的路要走。

首先来看钉钉，"DING"这个功能可以说是这款产品特色，但同时也是一把"双刃剑"。钉钉强调一种"使命必达"的理念，员工一旦在用的时候，总是会随时担心被别人"DING"。这样的工作方式打破了生活和工作的平衡。钉钉似乎是在以一个平台的形式拓展着自己的产品，但是接入的产品并不能与企业已有组织关系结合起来。比如填写一个审批单，如果管理员没有配置各个节点的审批人，那么提交审批的人就可以选择任意的人。这样从公司的角度出发会存在一定的风险。

但是钉钉也有自己独特的优势，"使命必达"是管理者钟情的特性，在 To B 服务中迎合管理者需求会让产品更容易全员推广，从而让团队快速使用起来。从 DING2.0 开始，进一步强化了会议的全流程场景应用，这是对 DING 功能的强化（见下图），之后的版本还将个人日程进行整合，可以看得出，钉钉势必会进一步发展DING 这个核心品牌。

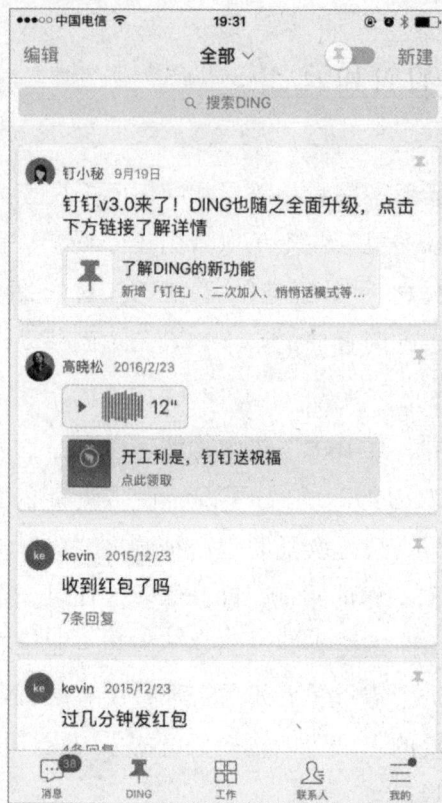

再来看企业微信，现在已有的版本还非常简单，感觉当前的版本应该是先解决企业员工内部交流的需求，把原微信中讨论工作的会话组移过来，同时在消息里做了一些针对工作讨论的优化（见下图）。比如可以对某个人说的话设置一个时间提醒，或是进行收藏，这样可以防止需要稍后处理的重要消息淹没在会话组消息里。有个功能特别有意思，那就是可以设置"休息、下班了"这种免打扰模式。这强调了一种"工作生活分开"的理念，又是从员工角度出发，管理者估计不喜欢。如果下班不能联系你，只能上班联系你，那还需要什么移动办公呢？组织架构相对简单，仅仅从当前移动端的展示来看，也是可以看出来微信对企业管理的了解程度还需要加强。

目前企业微信接入的应用也非常有限（如请假、考勤、报销），
工作相关应用还十分少，企业微信的用意应该比较明显，那就是
请假、报销这些是可以移动处理。但是能看出企业微信的发展思
路，就是利用原微信的社交和通信能力优势，结合轻量级可移动
处理的 OA 形成移动办公的初级版本，然后再利用微信的生态让
更多合作伙伴加入进来提供更为丰富的能力。

在前面的章节已经分析了工作本质，工作有四个维度。一是岗位
工作（如厨师炒菜、司机开车、教师上课、程序员编代码、设计师作
图等）；二是通用工作（如交流、开会、发邮件、工作汇报等）；三是
流程工作（如请假、报销、考勤、审批等）；四是辅助工作（如分享、

培训、团队建设、企业文化等）。我们看到，无论是企业微信还是阿里钉钉主要是关注通用和流程两个维度的工作，但是这两类工作与企业特质强相关的部分，如上下级关系、职位等在两个产品上的表现相对比较薄弱。真正把员工聚集到一起的其实是组织架构，而不是靠一个 APP 和上面连接的功能。

这个时候深耕企业服务市场多年、更懂企业需求的金蝶就凸显出来，这份优势很自然地传递到了旗下移动办公平台云之家身上。云之家凭借自身对企业的了解，以及金蝶已有的优质企业客户资源强势进驻这个领域。据最新 IDC 报告《IDC: 中国社交化移动办公软件市场将全面进入收费时代》在大中型企业市场（企业员工人数在 250 人以上），从产品的企业用户数量来看，金蝶云之家在 2016 年继续引领市场，以 81.8 万家用户占据首位，市场份额达到 26.9%。阿里钉钉和今目标分别排在第二、第三位。虽然报告中并未指出企业微信的情况，但是相信企业微信注定是个不可小觑的对手。不仅是 IDC 的报告，来自艾瑞网的文章《移动平台化，三足鼎立格局基本确立》中也指出，以金蝶云之家、阿里钉钉和企业微信为首的移动办公平台正越来越受到企业客户的青睐。

腾讯的社交优势、阿里钉钉的资源优势、金蝶的专业优势引发了移动办公市场的三国杀，虽然格局渐渐清晰，但是一些细分工作领域（如 CRM、项目管理、任务、HR、财务等）的产品也会以自己独特的优势参与到这场战斗中来。国内还没有出现一家独大的局面，那就意味着这场战斗对所有参赛者都是机遇和挑战。相信只有最懂企业、最懂人性，能很好平衡公司、管理者和员工三者关系的产品才会最终胜出。

2.2 云之家，移动办公行家

1. 云之家发展简介

有人说 2015 年是移动办公行业的元年，因为正是从这一年开始大大小小的厂商开始逐渐明确自己的定位，此前硝烟弥漫的战国时代也在客户、市场、资源的合力作用下划清了格局。有的厂商声名鹊起，不断得到客户和市场的认可，有的厂商曾经风光一时，但是转型失败逐渐走向没落，还有的厂商一直寂寂无闻，渐渐淡出大众视野。

全球最具影响力的市场调研机构 IDC 曾发布了两份关于国内移动办公市场的行业数据，报告中指出，云之家凭借良好的产品体验与运营服务，在专业度、大中型市场、综合排名等多个领域蝉联 2015 年和 2016 年领先地位。

云之家能够做到这样的成绩并不是一蹴而就，跟很多厂商一推出就开始大肆宣传，依靠资本"烧钱"获得用户不同。截至 2017 年，云之家在移动办公领域这个行业已经走过了 7 个年头。2011 年，云之家 1.0 版本发布，成为国内第一家企业微博，经过两年的发展到 3.0 版本时已经成为国内第一家社交化工作空间。到了 2014 年，云之家 4.0 版本发布，加入了即时通信能力，成为国内第一家移动办公应用。之后经过两个大版本的优化，2015 年的 6.0 版本已经让云之家成为国内第一家企业移动开放平台，很多优质合作方纷纷入驻云之家，当年使用云之家的企业客户就已经突破 100 万家。随着 2016 年 8.0 版本的发布，云之家进入一个快速增长的通道，到 2017 年初企业客户已经超过 280 万家。在 2017 年夏季，云之家发布了更具竞争力的 9.0 版本，真正做到凝聚信任、激活创造力。

云之家的厚积薄发离不开金蝶二十多年来在企业服务市场的耕耘，相比之前做 To C 产品的厂商，金蝶更懂企业并拥有大量优质的客户资源；相比一些创业公司，金蝶有更好技术积累和遍布全国的渠道优势。毕竟 To B 的产品在销售上并不能完全依靠线上，客户在决策是否整个公司采用某产品时也是需要多个关键角色进行决策，这个时候就需要依靠线下的渠道优势。金蝶经过多年 ERP 产品的销售积累，早就拥有了大量的合作伙伴和渠道资源，并在企业服务领域形成了良好口碑，这也是为什么万科、海尔这些优质大客户会选择云之家帮助自己企业移动化转型的原因。

万科创始人、集团董事会主席王石就亲自为云之家拍广告代言（见下图），并在云之家的 8.0 发布会上致辞，这不仅是客户对云之家的信任，更是对产品最好的认可。王石作为商界精英，与云之家这款移动办公的产品显然契合度很高，相比之下，有的厂商选择娱乐明星代言则会显得专业性不强。

（万科集团创始人、董事会主席王石先生代言金蝶云之家海报）

2. 云之家的理念和使命

云之家的使命是改变亿万人的工作方式，产品理念上也有别于很多强调管控员工、效率提升的厂商，云之家的产品理念是以信任为本并力求激活员工的创造力。在产品形态上云之家更是做到了"沟通"和"流程"全方位结合的移动办公平台。

在主机时代，团队协作是串行式流程化的方式；在 PC 时代，则是局域网式有中心有节点；而到了移动互联网时代，则完全变成了一个去中心化的方式。因此组织也从原先的管控模式变成一种基于信任的模式。在管控模式下，管理者和员工等级森严，需要固定办公、流程烦琐，并且是领导驱动整个组织运转。而在基于信任的模式下，团队更是一个相对平等的社交化组织，不仅可以弹性办公，更追求个体创新和敏捷高效。

以审批为例，云之家独创社交化的审批，让审批的发起者和决策者能在第一时间进行审批项的沟通。以往的审批需要一层层逐级批准，越靠后的审批者越靠后才知道需要审批的内容，到最后变成了最重要的人最后才知道，而且中间有一个环节走不下去就会直接影响整个审批流程。云之家社交化的审批则有效地解决了这个难题，决策相关人可以在第一时间知道审批的发起，如果需要更多人对自己决策进行支持也可以立即将相关人加入审批环节并提供辅助意见。审批的流程并不是串行的，而是并行的，有效避免了因为某一个环节的耽搁导致整个流程的进展（见下图）。

移动办公的本质是沟通，云之家则提供了大量的适合工作场景的沟通。比如可以快速建立内部同事和外部联系人的会话，即使对方还不是云之家用户，也同样可以通过一个短信链接将其加入会话组中来。再如提供了免费的电话服务，可以让经常需要打电话的工作者感到十分方便，也会为企业的运营节省了大量的成本。整个会议体系也非常强大，从最开始的会议预订、会议通知到会议过程中的千人会议、屏幕共享、会议控制都提供了专业的保障。不仅如此，还可以与 WPS 这样的软件、CVTouch 会议电视这样的硬件进行连接，满足了多样化的会议场景需求。

最新的 V9 版本也突破了业界移动办公产品以消息为中心的设计，为每个人定制自己专属的工作版面，把所有人从消息的海洋和复杂的应用操作中解脱出来，真正做到让工作以人为本（见下图）。

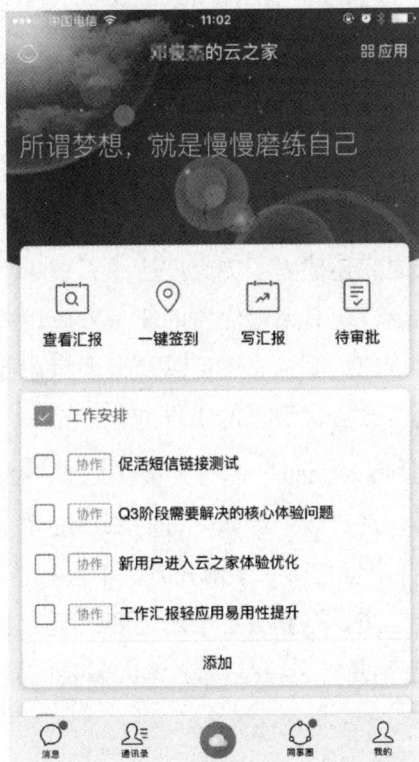

企业最为关心的是公司的组织架构，很多厂商提供的组织架构只是简单地将联系人会聚在一起，但是离企业的实际需求相距甚远。云之家因为有多年企业服务经验，深知企业对于组织架构的需求，所以云之家上的组织架构可以看成是很完善的 HR 系统，不是简单地建立组织，而是将组织中不同的角色、相互关系、成员状态都能清晰展示出来。并且这种组织关系还能开放给不同的应用，使得这些应用更符合企业工作场合。同时，云之家的组织架构还考虑到企业资产和个人信息的平衡，当员工离职会自动脱离所属企业的组织架构，会从公司内的会话组中退出，但是个人在工作过程中结交的外部联系人并不会丢失。

云之家还提供了完善的企业员工之间交流的平台，同事之间需要分享知识经验、需要工作互助和展示自己的想法，也需要分享团队生活，这些分享是一种间接交流，但也是团队成员之间的润滑剂，可以更好地促进团队和谐互助。既然移动办公的本质是沟通，间接交流也同样是一种重要的沟通方式，而云之家的同事圈就承载了这样的能力。

不仅如此，云之家还建立了庞大的生态系统，不仅可以轻松连接金蝶系的 ERP 系统，还有大量优质的第三方应用入驻。这些应用可以在细分领域提供专业的服务，还可以为很多用户提供专业的职场服务。真真正正做到了改变亿万人的工作方式。

"行家"并不是自封，而是来自大量优质客户的认可，来自第三方专业机构的认可，来自数十年如一日的深耕细作。光靠烧投资人的钱，靠挑衅竞争对手，但是不去了解用户，不去打造真正实用的产品，这样的增长终将会停止。企业服务市场需要的是专业、专注，企业市场很大，真正能走下去的必将是企业真正需要的，成功者终将寥寥无几。

2.3 国外 Slack 一枝独秀

1. Slack 发展里程碑

谈到企业服务、移动办公、团队协作这样的话题就不可能绕过 Slack，它的高速增长的确是 To B 领域里的一个神话，虽然在国内并没有广泛使用起来，但是在国外真正做到了一枝独秀。

Slack 诞生于一个叫 Tiny Speck 公司的办公室，创始人是 Steward Butterfield（斯图尔特·巴特菲尔德），Flickr 的创始人之一。有趣的是，Butterfield 是在开发游戏过程中顺手开发了 Flickr 作为团队分享图片的工具，而 Slack 也是 Butterfield 的团队在开发游戏时顺手开发的内部协作工具。后来游戏失败了，结果 Slack 却火了起来。

这也从侧面反映了一个事实，真正刚需、有用户需求的东西才可能获得成功。游戏产品并非刚需，很难脱颖而出，但是顺手开发的团队协作工具则是真正的刚需，自己的团队需要，其他的团队自然也需要。

自 2014 年 2 月产品上线后，Slack 就受到用户和投资者的追捧，成为有史以来发展最快的 SaaS 公司。笔者在网上找到了 Slack 融资和估值的里程碑数据如下：

推出当天就有超过 8 000 家公司注册；

2014 年 2 月 26 日，以 2.5 亿美元的估值完成 4 275 万美元的融资；

2014 年 10 月 31 日，Slack 融资 1.2 亿美元，估值高达 11.2 亿美元，正式成为独角兽俱乐部成员；

2015 年 4 月 17 日，Slack 正式宣布以 28 亿美元的估值，在新一轮的融资中获得 1.6 亿美元投资；

2016 年 4 月，Slack 再获得一轮 2 亿美元的融资，公司估值为 38 亿美元。

短短两年时间，仅从融资和估值的攀升都足以让人瞠目结舌。到 2017 年 5 月，对于 Slack 来说产品上线已经超过 3 年，虽然目前还未看到新一轮融资和估值情况，但是相信最新的估值早已经超过了 38 亿美元。而且据最新消息称亚马逊有意斥巨资 90 亿美元收购 Slack，此前微软曾计划用 80 亿美元收购 Slack，因遭到比尔·盖茨的反对而搁浅。

2. Slack 的产品定位

那么 Slack 到底是做什么的呢？Slack 的自我定位是"邮件杀手"。在国外，工作场合用于工作交流的平台特别多，不像在中国因为微信普及率高，在没有专门的工作交流平台的情况下大家都会本能地采用微信，但是在国外除了基本的邮件、短信外，还有 Google Hangout、私密 Facebook 群组、Skype、Twitter 等各种平台。不同的小组或者不同的人之间采用不同的平台，每个人都需要频繁切换各种平台，效率低下、体验差，而 Slack 有效地解决了这一问题，只要你用 Slack，原先各种不同的沟通渠道都一网打尽（见下图）。

Slack 的口号是：Slack is everything in one place，它就是要将企业所有的交流场景和能用到的第三方工具一起整合给你使用，那么对于采取不同平台的用户来说无疑提升彼此沟通的方便性。笔者在《移动办公的本质》一文中就提到了移动办公的本质就是解决团队成员的沟通问题，很显然 Slack 在这方面做得非常出色，当然这也离不开 Slack 的底层技术和国外各类软件服务的开放性。

从 Slack 目前的产品特性上来看，整合的很多第三方工具都是国外的，有些应用在中国国内还无法提供服务，这也大概解释了 Slack 为什么还不能在国内流行的原因，但是这并不妨碍 Slack 在国外高歌猛进。

3. 出色的用户体验

在产品功能上，Slack 与很多企业社交软件的功能似乎没有太大区别，但是产品细节设计和打通第三方应用的底层设计理念使之快速超越同时期的竞争对手，这是 Slack 成功的显性原因。

Slack 的创始人 Butterfield 曾是大名鼎鼎的图片分享网站 Flicker 的创始人，毫无疑问这款社交软件天生就有 Flicker 的艺术基因。细节设计会让用户在使用的过程中产生愉悦感，从而增加黏性，而与第三方的打通更是把用户体验提升了一个档次。

比如，当你把一条超链接复制粘贴到 Slack 对话框中时，它会自动将链接网页内容的标题和内容片断展现在对话框中，甚至还能显示一张图片。如果链接的内容是一段 YouTube 视频，你可以直接在聊天框中点击播放这段视频；如果链接的是一条推文，它会自动展现推文的全部内容。这样的打通水平真正做到了用户在 Slack 内就能看到几乎所有的内容，而不是点击链接跳转到另一个应用中。在这一点上

很像国内的微信，从其他应用中分享到微信里的内容在微信里也可以
直接打开查看（见下图）。

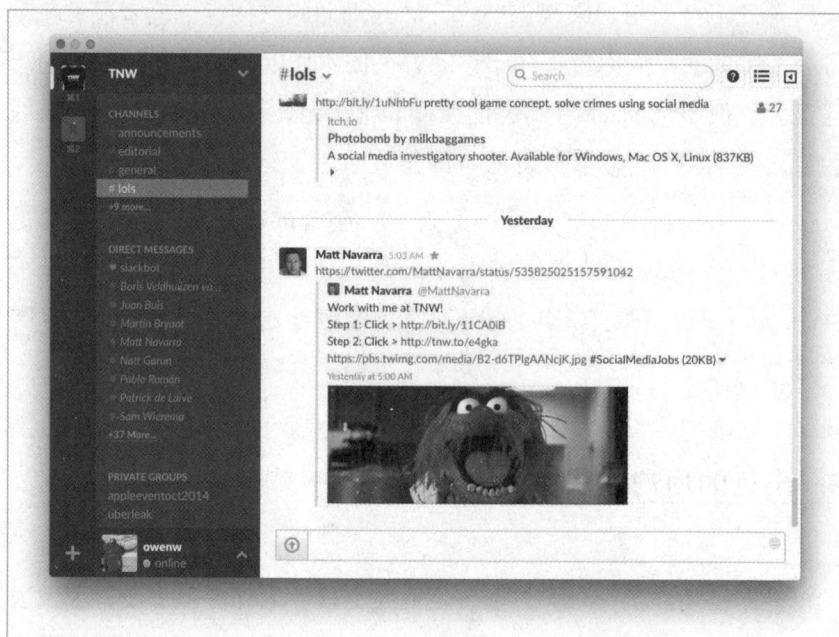

Butterfield 曾说："一款软件必须足够精致、简洁，这对于我们来
说非常重要。我们的产品细节之处都凝聚着开发人员大量的思考，争
取做到尽量不做小的更新。如果太过频繁地升级，会给用户一种感觉：
我们的产品目前还是一个半成品。"

出色的用户体验也带来了高速的用户增长，特别是付费用户的增
长。在 2014 年 2 月刚推出时，Slack 的日活用户就有 15 000 人。到 2014
年 8 月，Slack 的日活用户增至 171 000 人；到了 2014 年 11 月，日活
用户就增至 285 000 人；到 2015 年 2 月，Slack 的日活用户达到 50 万
人；到 2016 年 3 月，Slack 的日活用户就已增至 230 万人。

4．以游戏的思维开发产品

在 2014 年的 11 月，Slack 的商业首席主管 Josh Pritchard 曾表示："在不计入新的销售的情况下，Slack 的月付费订购营收增长率高达 8%。据我了解，我还没看过哪家企业级 SaaS 公司的服务在推出 7 个月后能达到这个营收增长水平。"

到 2015 年 2 月，Slack 的付费用户数量已增至 135 000 人，平均每隔 11 天，公司营收就增加 100 万美元。公司 2014 年的营收额为 1 200 万美元。2014 年 11 月，Slack 的付费用户转化率高达 30%，这在目前的企业级市场中应该算是最高的。To B 的服务很难有爆发式的增长，但是 Slack 是个例外，做到 1 000 万美元的年收入，Box 用了 39 个月，Yammer 用了 33 个月，而 Slack 只用了 11 个月。

Slack 产品设计的指导思想是采取类似游戏的设计思路，这并不奇怪，因为 Slack 的开发团队原本就是做游戏的，他们巧妙地将游戏中令人上瘾的套路运用到一款用于工作的产品中。更重要的是，Slack 在有意营造一种"社交孤立感"，一旦你长时间不跟大家一起在一个话题中讨论，你就会感觉错过了很多东西，感觉无法跟上其他人。这就像微信朋友圈，大家纷纷发朋友圈，然后相互点赞评论，但是如果你不参与其中，就会产生一种社交孤立感。还有现在很火爆的游戏《王者荣耀》，如果身边的人都在玩，一有时间就玩上一局，而你没有任何兴趣，不懂大家说的游戏术语，那么也会产生一种社交孤立感。Slack 正是把职场中的这种社交孤立感放大到工作中，从而提升活跃度。

Slack 在找付费用户时，都是找那些重度活跃用户，忽视不活跃的用户，不在非活跃用户身上花太多时间，将所有的精力放在活跃用户上。这也让笔者想起了曾经在网上看到的一个段子：免费玩家也是我们提供给付费玩家的服务之一。这段话是调侃网络游戏中的免费玩家，而 Slack 不也正是这样做的吗？聚焦活跃用户，把时间精力放到"取悦"付费用户那里，而不是照顾所有人。

Butterfield 曾说："我们如果将产品定位于'一个群组聊天系统'，那么销量应该不会很理想。这个市场上不会有那么多人为此埋单的。我们将自己的产品定位于'公司组织结构化的创新解决方案'。"

Slack 迅速发展的根本原因是在于，他找到了属于自己的市场和盈利区域。Slack 最初的产品定位是 Be less busy，这应该是从基层员工的体验角度出发，现在已经变成了 Where work happens，这应该是兼顾了企业和管理者的意愿，毕竟从企业和管理者的角度出发工作是第一位的。

对于 Slack 未来的发展还不好判断，因为市场瞬息万变，但是 Slack 的确创造了企业服务市场的一个奇迹。Slack 对移动办公的理解、在产品设计和技术上精进都是值得国内厂商去学习。

2.4　巨头公司虎视眈眈

移动办公市场在国内竞争激烈，前面已经介绍，国外虽然现在 Slack 一枝独秀，但是也同样不能安枕无忧，因为很多巨头都纷纷看准了移动办公这个市场，无论是有意无意，他们都已经开始布局。

1. 具有天然优势的 Google

首先来看看 Google 公司，当前的现状上并没有看出 Google 明确地发力办公市场的迹象，这主要与 Google 本身的公司战略有关，作为一家高科技公司可能还没有真正关注这块市场。但是笔者为什么首先要提 Google 呢？其实道理很简单，移动办公有个关键词就是"移动"，而 Google 是占有最大市场份额的智能手机安卓系统的提供方。应该说 Google 如果做移动办公有着得天独厚的优势，并且实际上它已经推出了很多针对工作场合的协作套件。

比如，适合小团队共享协作的 Google Space，有别于复杂的网盘或者共享文件系统，Google Space 更加小巧，共享的内容更适合手机上收集和传播。Google 搜索的结果（网页地址）、YouTube、你的本地相册、备注（可用文字、网址、图片及一些可爱的贴纸）。

Google Docs 是聚焦于团队共同编辑一份文档的场景，这在工作场合的确是一个常见的远程协作场景。Google Docs 让团队成员共同编辑一个文档的效率极大提升，把传统的串行工作变成了并行工作。

Google Calendar 也是一款极为实用的团队协作工具。在大部分情况下团队成员每个人的日程并不是相互知晓，那么就会时常在工作安排上产生冲突，如果团队每个人的工作相关的日程可以共享，一份团队日历就会自动生成。

Google+和 Gmail，如果说上面的一系列产品是用于团队协作的工具，那么 Google+和 Gmail 就可以构建一个完整的团队社交平台，支持开展各种形式的沟通。Google+中包含的 Google Hangouts 就可以开展多人的视频聊天，而 Gmail 提供的强大邮件系统完全可以满足工作场合的邮件沟通。

除此之外，Google 应用中的云盘、联系人、搜索等应用也可以在工作场景中发挥作用。我们可以看到 Google 提供的这些应用比较分散，主要是为了支撑安卓操作系统，但是如果将这些跟工作相关的应用进行有机整合，再配合 Google Now 和 Google 大脑的能力，那么无疑是一款强大的可用于团队工作的沟通协作平台。

如果说 Google 具备进军移动办公市场有天然优势但是无心恋战，那么微软就是一个拥有强大实力并且野心勃勃的竞争者。

2. 野心勃勃的 Microsoft

微软拥有 PC 端操作系统的巨大市场份额，但是在移动端的发展并不理想，无论是手机 Windows 操作系统还是收购的 Nokia 的智能手机市场占有率都无法与微软这样一个体量的公司关联起来。但是我们要知道的是即使在移动互联网高速发展的时代并不是意味着所有的工作都在移动设备中完成，PC 与手机的同步可能更符合移动办公的理念。

微软除了在技术上的优势之外又在哪些方面做了布局呢？

首先是 Office 365。它是微软带给所有企业最佳生产力和高效协同的高端云服务，是微软公司基于云平台的应用套件，它将 Office 桌面端应用的优势结合企业级邮件处理，实现文件分享，即时消息和可视网络会议的需求（Exchange Online，SharePoint Online and Lync Online）融为一体，达到不同类型企业的办公需求。云端 Office、企业邮件以及 Web 端会议就足以完成日常的团队协作。

其次是 Teams。它是一款面向企业及学校的基于 web 的聊天服务，是基于 Office 365 云平台的企业协作工具，支持多个团队同时就不同项目开展协作。通过 Teams 企业员工可以在 Office 平台上建立协作小组，并针对办公场景来做即时信息沟通、文件分享、协作等。另外，Teams 能与微软其他 Office 办公组件紧密整合，包括 Word、Excel、PowerPoint、OneNote、SharePointPlanner、PowerBI 等。Teams 也支持频道/群组、私信功能，并且提供 Skype 视频和音频通话等。Teams 的推出被视为挑战收购未果的 Slack。

再次是 Skype 和 Yammer。Skype 是一款即时通信软件，其具备即时通信所需的功能，比如视频聊天、多人语音会议、多人聊天、传送文件、文字聊天等功能。它可以高清晰与其他用户语音对话，也可以拨打国内国际电话，无论固定电话、手机均可直接拨打，并且可以实现呼叫转移、短信发送等功能。Skype 就是微软替代 MSN 的一项重要举措。而 Yammer 可以看成是一款封闭性的企业微博，可以和企业的邮箱系统进行整合，只供企业的内部员工访问，既提供了企业内部的信息交流平台，又防止了企业敏感信息外泄，是替代企业内部论坛的一个高效工具。

最后是 LinkedIn。可能有人会奇怪微软为何会收购 LinkedIn，但是从微软在移动办公市场上的布局就不难看出微软想占领职场社交领域。早先颇受白领欢迎的 MSN 最终在中国市场不敌本土社交软件，落得一个关闭的下场，但是 LinkedIn 足以让微软以一个新的姿态杀入职场社交，再加上 Office 365 和 Teams，以及 Skype 和 Yammer 就可以形成移动办公市场的合力。前不久微软还收购了非常有名的应用奇妙清单，并改造成适合办公场景的 To-Do。

3. 社交基因强大的 Facebook

还有一个不得不提的巨头是 Facebook，作为一个国际社交的霸主，也推出了 Facebook at Work（也称 Workplace）这样针对办公领域的产品，从名称上就可以判断出该产品所针对的人群。Facebook at Work 用户可以使用特别的"Work Feed"与同事交流。此外，用户还能通过 Facebook at Work 进行语音和视频呼叫，用户还可查看社交媒体上的资料。

为了专注于工作，Facebook at Work 的使用账号将与一般的 Facebook 账号分开，并推出不同的即时通 APP 提供给 iOS 与安卓系统手机的使用者来沟通工作事项。对于员工用户来说，Facebook at Work 账户与普通私人账户是分开的，工作与个人社交不会混在一起。对于公司来说，Facebook at Work 会确保信息不会流到公司以外的网络中。因为 Facebook at Work 的设计和普通 Facebook 页面十分相似，所以员工使用者上手特别快，公司不需要进行任何培训。除此之外，Facebook 还有一个"Multi-Company Groups"的平台，可以让不同公司的员工在此平台上一起进行合作。

Facebook 这个打入办公市场的战略和国内的社交巨头微信如出一辙，微信也是推出企业微信从而将用户关于工作的沟通从微信中剥离出来。有趣的是，有业内人士称，Fackbook 推出 Workplace 是对 Slack 的反击。

就目前来看，在国外的企业办公市场 Slack 似乎成为众矢之的，而它所面对的对手都是体量庞大的云巨头。Google 有着强大技术基因和在移动端得天独厚的优势；微软则有着操作系统和 Office 这种办公套件的硬实力；Facebook 则是具备无可披靡的社交网络支撑。国外的这场办公领域市场的争夺势必也将刀光剑影、血雨腥风。

2.5 未来移动办公市场的新格局

1. 移动办公市场的高速发展

目前在移动办公市场形成了一个有趣的形势，在国内，社交巨头腾讯、电商大拿阿里、企业服务老兵金蝶属于第一梯队玩起了斗地主，而新兴的后起之秀、小型创业公司、传统 OA 企业也仍然在细分市场拼尽全力。在国外，科技巨头 Google 和微软、社交霸主 Facebook 和独角兽 Slack 则打起了麻将，而诸如 SalesForce、Trello 仍然在深耕细作。

为什么这么多大大小小的企业都盯住移动办公领域呢？主要有两个主要原因。第一是移动互联网的迅速发展、智能手机的普及。截至 2017 年 8 月 14 日，在中国使用智能手机用户数量已经达到 13.65 亿，4G 用户的数量更是达到 8.88 亿。瑞典电信设备制造商爱立信早在 2016 年年底预计，2022 年全球智能手机注册用户数量将达到 68 亿，从而推动移动数据流量达到当前的 8 倍。如此大的智能手机使用者基数意味着移动办公市场的巨大潜力，保守一点估计所有的智能手机使用者中有 50%的人是工作者，那也意味着全球有大量的用户会使用手机处理跟工作相关的事务。

第二是企业服务市场的蓬勃发展。据不完全统计，2017 年前三季度中国新登记企业 451 万户。同比增长 12.5%，平均每天新增 1.65 万户，也就是说，中国平均每月约有 49.5 万个新企业诞生，每天新注册企业超过 1 万家。全国政协副主席、全国工商联主席黄孟复透露，"十一五"期间中国登记注册的私营企业数量已经超过 840 万户，年均增速达 14.3%，私营企业成为中国最大的企业群体，占全国实有企业总数的 74%。如果放眼全球，新企业增长的数量也是节节攀升。新企业也好、老企业也罢，相同的是他们都需要有专业的企业服务，这个市场需求也必然是非常巨大的。

2. 移动办公市场未来的格局

用户数量潜力大，市场需求前景好，参与移动办公市场竞争的厂商多，那么未来究竟会有一个什么样的格局呢？

（1）未来移动办公市场的新格局一：国内国外仍然泾渭分明

虽然国外有 Google、微软、Facebook 这样具有顶尖实力的公司涉足企业办公市场，但是他们仍然不得不面临本土化的问题。比如，Google 的很多服务并不能在国内使用，Facebook 更是被拒之门外，之前 Google 的搜索、微软的 MSN 都因为种种原因被迫关停中国区的业务。中外企业的管理和文化差异也让国外 To B 厂商很难打入国内市场。

还有一个很重要的阻碍国外厂商进驻国内市场的重要因素是国内和国外职场人士的工作习惯有差异，国外的工作者凡事用邮件的习惯，以及任何待办都同步到日程中的习惯，下班之后不处理工作的习惯，而这些习惯跟国内的工作者都是有很大差异。

同样的，国内的移动办公市场中的翘楚厂商如果大举进攻国外市场也必定会铩羽而归。理由和上面的国外厂商想进驻国内市场也是类似，产品国际化并不是简单地把语言翻译成当地语言就行，还要对当地文化、生活习惯有深刻了解，如果是给企业服务那复杂程度必然又会更高。国际化不仅要有很大的资金投入，还有很高的人力成本，小公司肯定很难完成。其实国内市场已经非常大，如微信、淘宝这样的产品，把国人"伺候"好就已经是巨无霸了，而国内企业服务也是一个庞大的市场。

（2）未来移动办公市场的新格局二：国内的移动办公市场格局会逐渐清晰

首先，属于第一梯队的厂商会根据各自不同的背景和实力聚焦不同的方向。腾讯旗下的企业微信将继续转化个人微信中的巨大流量，引导人们用企业微信讨论工作，真正做到"微信是一种生活方式"，"企业微信是一种工作方式"。配合腾讯本身在即时通信方面的能力，企业微信发力的方向主要是企业内员工的沟通，如即时消息、语音/视频会议、免费电话，而企业内部各种复杂的协作流程，企业微信可能将会开放给企业自身接入或者跟第三方合作。

阿里巴巴旗下的钉钉将继续发力小微企业，阿里巴巴本身就有很多的小微企业资源池，小微企业市场庞大，同时对企业服务的专业性要求偏低，钉钉可以依靠阿里这个强有力的后台跟大量的第三方合作，打造适合小微企业移动办公的平台。

金蝶旗下的云之家将打造更为完善、更懂企业的移动办公平台，利用金蝶已有的强大健全的线下渠道攻关大中型企业，同时配合线上营销形成合力。金蝶本身有着 20 多年企业服务的基因，懂管理、懂企业，让新老 ERP 客户移动化转型是水到渠成的事情。中国企业所需要的专业服务对腾讯和阿里巴巴来说是深水，对金蝶来说则是轻车熟路。三家企业各有优势，企业微信的社交关系、钉钉的资源、云之家的专业，短时间内仍然会继续争夺整个国内移动办公市场。

其次，一直走免费路线的产品要么死亡要么转型收费，但是由于企业服务产品跟个人消费产品的巨大差异，最开始靠融资烧钱买流量的产品最终将无以为继。最初以免费来吸引用户的 To C 打法早就被证明在 To B 市场毫无优势。企业和个人选择一款产品的决策途径、付费意愿区别非常大。俗话说，神仙打架小鬼遭殃，第一梯队在三国杀的时候，没有特色的小厂商只能逐渐走向消亡，而有独特价值的也终将难逃被收购兼并的命运。市场就是如此，曾经的"百团大战""O2O 风生水起"都印证了这样的规律。企业服务市场需要深耕细作，一步一个脚印，几乎不可能出现爆发式的增长。如果一直不能"自动回血"，光靠投资人接济，最终将再无"接盘侠"。

（3）未来移动办公市场的新格局三：国外的移动办公市场将一家独大

前面曾戏称 Google、微软、Facebook 和 Slack 四家打麻将，但是在未来形势上却很难形成势均力敌的态势。首先对于 Google 来说，可能是属于有力无心，现在所涉足的诸多移动办公应用场景也是属于无心插柳，即使以后发力可能也是走收购这条路，但是目前来看可能性比较小。Facebook 的 Workplace 前景并不明朗，因为它本身与 Facebook 的基因相距甚远。正如前所述，企业服务是个需要深耕细作的市场，全球的社交市场已经非常巨大，Facebook 是否具备这样的耐心去做企业服务还是个未知数。

微软和 Slack 则是完全不同的企业规模，对于进入移动办公市场的动机也有很大区别。跟 Google 相比，微软则是有心有力，在之前的章节中也做过了分析，微软对于企业服务市场，尤其是移动办公领域做足了各种布局，包括推出 Office 365 和 Teams，收购 Skype、Yammer、LinkedIn、WonderList，甚至曾经尝试收购 Slack 未果，可见其实力和野心。而 Slack 则不同，虽然目前是一枝独秀，但是公司前身是做游戏开发，公司规模和微软也不可同日而语，Slack 原本是为了自己公司内的沟通协作所用，并不曾想发展到今天的规模，是典型的鸡蛋孵出了鸭子。

所以，综合来看微软无论从技术实力、资金、团队，已有的布局和对企业服务的理解应该都远胜于其他对手，在将来继续花一个高价收购 Slack 或者其他细分领域比较专业的产品扩大其势力范围也是极有可能的事情，那时一家独大的局面几乎是定局。Slack 要么被收购，要么上市，是否能超过微软成为移动办公领域的巨头还有待观察，但是不可否认的是 Slack 这样的小公司相比微软这样的巨头会更为灵活，产品战略上会更聚焦，迅速成长并超越所有对手也是完全有可能。

市场总是风云变幻，新秀总是层出不穷，技术不断更新迭代，所以上述的几个移动办公领域的未来格局只是对当前现状的一种推测。套用一句名言，未来已经到来，只是尚未流行。

现代企业管理的痛点

第三章

3.1 员工年轻化

1. 年轻一代员工的成长环境

当前社会的中坚力量是 70 后和 80 后，这群人的年龄主要集中在 35 岁至 45 岁之间，他们在职场中已经工作了超过 10 年的时间。丰富的职场经验让不少 70 后和 80 后在企业中担任了重要的岗位角色。虽然现状如此，但是我们看到新一代 90 后群体也正逐渐走上社会并且扮演了非常重要的角色。事实上，不少 90 后已经过了法定晚婚晚育的年纪，而 00 后也即将成年。

作为 80 后的一员，我们当中有不少人是在 20 世纪 90 年代的高中时期才开始接触计算机，那个时候在学校里还叫"微机"，有一些偏远地区的 80 后可能到大学才真正有机会使用计算机。70 后则更不用说，一般都是工作了很多年才开始真正接触计算机，并逐渐运用到工作场合中。但是如果是 90 后，可能在他们还是孩童时代家里就已经有了计算机，上中学时已经开始使用起了智能手机，上大学时互联网对他们来说就是生活必需品。而对于 10 后，他们则可能在还不会说话时就已经拿 iPad 这样的智能移动设备玩起了切水果。

这意味着什么？最明显的现象就是 90 后和 00 后他们比 70 后、80 后更早地接触各种智能移动设备，更早地进入了互联网的世界，他们获取新闻、知识的方式几乎全是来自网络，人际交往、社交关系更多是在虚拟空间中。这也意味着他们的思想更为开放，看待事物的角度会更加多元化，加上受教育程度更高，在互联网文化的熏陶下，他们的思维方式、为人处世都跟上一代有着很大的区别。

2. 年轻一代的思想

大部分 70 后和 80 后追求更为稳定的生活状态，期望通过辛勤的工作获得丰厚的回报，进而五子登科、家庭美满。尤其是 80 后，因为计划生育的影响，很多人都是独生子，从小活在父母的期望中，走过高考独木桥，独自进入社会打拼。而刚刚步入中年的他们通常上有老下有小，一对夫妻要养活四个长辈的同时还要经营自己的家庭，特别是二胎的开放，家庭经济压力陡增。所以不少 80 后更多是为父母、为家庭而活，身为夹心层的他们更愿意选择稳妥的生活，在中年时已经开始规划晚年生活。

但是 90 后则不同，很多 90 后并没有 80 后那样的经济压力，他们的生活条件相对比较富足。他们对买房这种 80 后茶余饭后永恒的话题并不是十分关注，他们要么不愁房子，要么不介意租房。他们对待工作的态度不是要找个"铁饭碗"，不是为了生存，更多是为了体现自己的价值，或者说他们更期望为了自己而工作。

所以，为什么很多 90 后一毕业就选择创业，或者愿意加入小型的创业公司，甚至选择自由职业，这也是因为他们更想证明自己。或许也有不少 90 后在毕业后加入了不错的大公司，但是也极可能因为企业文化、团队氛围、个人能力发挥等原因在短时间内进行跳槽，甚至频繁跳槽。笔者认识一名 90 后的产品总监，他刚毕业进入了一家公司当产品经理助理，转正后成为产品经理，又因为工作表现出色在一年之后直接被提拔为产品总监。在不到两年的工作时间里，他就从一名应届生变成了一名部门经理，晋升速度可谓飞速，但是他却在担任产品总监不到一年后选择了离职，跳槽到另一家公司从基层开始。按照他的说法是原来的工作岗位已经无法给予他更多的成就感，他需要新的刺激，对于原来已经获得的晋升并不会留恋。

也许一名 80 后从学校毕业走入社会，进而成为某个企业的高层管理者可能要经历长达 10 年的职场生涯，面对各方面的压力很难做出放弃既有并重头再来的抉择，但是这一切对一名 90 后来说可能会毫不在乎。不断追求自己想要的生活，不断从工作中找到属于自己的成就感，不为已经获得的成绩所羁绊，敢于不断突破自己，不怕失败和从头再来，这才是 90 后真正让人羡慕的地方。

对于 00 后还未正式走上社会，他们相对于 90 后可能是更胜一筹。他们生于 21 世纪，在物质生活极大丰富的年代，身边充斥着各种智能设备，可以随时随地连接到互联网。他们受教育的程度、获得知识的途径、综合素质、眼界可能远远超越了 70 后和 80 后，还未成年可能就已经走遍了五湖四海、名山大川、世界列国。

3. 年轻一代员工对传统企业管理的冲击

对于企业来说，年轻的 90 后似乎更难"伺候"，不像 70、80 后那么好管理，而对于随之而来的 00 后也将是一个未知数。

曾经有人说 80 后因为都是独生子，从小都是长辈们围着转，所以将来一定是垮掉的一代，可是事实证明 80 后非但没有垮掉，更是当前社会的中坚力量。现在也有类似的言论落到了 00 后的身上，认为他们从小过着富足的生活，过早的接触互联网而沉迷于虚拟世界，缺乏人情世故，将来也很难有担当。我觉得这可能也是像当初人们对 80 后的预言一样有点过虑，这就是他们的生活，而我们所在的世界就是在不断进化中，每一代人必将以自己的方式融入这个世界中。

著名前央视主持人张泉灵在一期《罗辑思维》节目中就说过，现在很小的孩子就已经在开始学编程了，他们未来将面对各种各样的智能设备，而控制方式可能就是随手编一段程序，留下瞠目结舌的我们。这和如今的我们不论何时何地都在手机上点点刷刷，而老一辈的父母很难跟上技术发展的节奏又是多么的相似！

回到 90 后、00 后崛起这个话题上来，90 后已经融入社会并且在深刻影响着世界，而 00 后也即将走向社会，带来什么样的新思潮我们还不能准确感知。但是，我们知道未来已来。作为一个企业的经营者，一个公司的管理者，你不得不面对这样的现实，那些有才华、有想法的年轻人可能不再关心你能给他多少薪水，你能给他什么样安稳的待遇，他们会更期望自己的价值有没有得到实现，你是不是提供了他们认可的工作方式，能不能给他们带来成就感、自豪感。源自于工业革命时代的管理体系、KPI、绩效考核等管理手段、僵化的公司制度和固定的办公环境或许早就不再适合这些年轻的员工。

90 后、00 后的崛起更是科技带来的一种变化，有句话说得好，在科技面前没有谁可以高高在上，时代会抛弃一切落伍者。作为企业，在管理方式、工作方式都必将进行一轮变革，在人才的选、留、育、用上也会有新的思路。你可以拒绝改变，继续保持着陈旧的运营体系，但是最终的结果可能就是真正的人才不断流失，甚至根本招揽不到合适的人才。不和时代接轨的企业，不了解年轻人的企业，不关注时代变化的企业，不谋求管理变革的企业终将会被这个时代所淘汰，历史的车轮滚滚而过不会怜悯任何落伍者。

3.2 信息不透明和信息安全

1. 企业信息的不透明

企业信息不透明的问题其实由来已久，即使在通信技术、互联网发达的今天，每个公司内部都存在一定程度的信息不透明，有些信息不透明是必要的，而有些则会对企业运营、团队管理、组织氛围带来一定的影响，这也是现代企业管理的痛点之一。

信息不透明有多种维度，从上到下的不透明，从下到上的不透明，还有同级之间的不透明。公司制定一个政策到最后公布，员工可能最后才知道真实的情况。以某互联网思维著称的科技公司为例，该公司曾经在年会上宣布将在公司附近的黄金地段建住宅，并给员工半价分发福利房，公司员工人人可认购，一时之间羡煞网友。可是当真正开始认购时，政策变成了房产虽然员工可以半价认购，但是并不拥有产权和房本，也不具备落户、学位的资格，而且不能进行对外交易，只能在该公司内部流通。原本的巨大福利变成了变相高价租房，离员工的心理预期差别太大。造成这种公司政策和心理预期差别巨大的原因就是因为企业内信息的不透明。

笔者还知道某高科技企业为了让公司的相关敏感政策在发布前收集到员工的反馈，于是由内部的 HR 在某论坛的公司专区上有意无意地透露出来，然后再看论坛网友的评论，以此来思考政策在正式颁布前是否要进行必要的修正。这种遮遮掩掩的方式是不得已而为之，也的确说明了企业中从上到下的信息不透明是真实存在的。

同样的，从下到上的信息不透明也十分常见，在日常的工作中，CEO 成为最后一个知道的人也不足为奇。我们团队在调研企业时就发现，以审批为例，当某个员工发起了一个合同审批，需要进行逐级审批，越往后的节点对这个审批的事项了解得就越少。如果最终要到达 CEO 那里，可能已经经过了很多个节点，CEO 只能根据前面节点的审批意见辅助自己判断，如果审批被驳回，整个流程又需要重新再来一遍。正是这样一种不透明导致大家信息不对称，进而影响到整个团队的决策效率。

除此之外，上下级之间、同事之间也经常存在着信息不透明。比如同一个项目组的成员之间很多时候不知道彼此的工作进展，需要跟对方讨论问题的时候发现对方已经在休假。外勤的同事是否真的去拜访了客户？下属的工作投入度是否足够？上司是否很清楚地知道团队成员的工作状态？这些工作上的不透明也会直接影响到团队成员的相互信任关系。

2. 企业的信息安全隐患多

信息不透明在一定程度上会给管理带来困难，而信息安全问题又是公司在管理上的另一个痛点。无论员工是有意还是无意，机密信息的泄露都会给公司带来损失，有些损失甚至是无法衡量的。所以不少公司都会制定严格的信息安全规范，以此来尽量避免信息安全的泄露。

比如，在信息安全方面控制得非常严格的公司要数华为。华为的工作环境分成几个等级，研发工程师所在的办公室进出都要进行安检，不可携带有存储介质的设备进入，自己的个人电子设备都要存放在外面的保密柜中，工作计算机不可连外网和打印机等设备。所有员工的台式计算机都会用带锁的铁盒加封，各种接口都会被封死，杜绝员工用 USB 之类的设备，如果要更换键盘、鼠标等外接设备都要到信息安全机要室申请开箱。有的员工用笔记本电脑，在内部被称为"便携机"，也是由公司统一派发，所有的使用情况都会被监控。员工外发邮件都不可以带附件，如果一定要发也要进行申请，很多研发岗位都无法直接登录外部网络。就连外部客户、供应商来访，如果是进入研发区都要进行严格的安检，跟员工一样不可携带存储设备，笔记本电脑的摄像头、USB 口都要进入机要室用封条进行加封。这些要求在华为整个信息安全机制中只是九牛一毛，但是我们可以看到像华为这种高科技公司对信息安全的要求之高。

即便是这样，华为在信息安全把控上也不是密不透风，每年都会有人因为无意的疏忽违反了信息安全的相关要求，轻则被通报批评、罚款，重则直接被降级和辞退。更有甚者，曾经在一则新闻中就看到有的离职员工铤而走险，复制了大量公司的机密材料，最后被华为报警批捕直接关进监狱。

很多公司并不能做到像华为这样把信息安全作为"高压线"进行严格管控，特别是现在大家已经习惯于用手机上的各种应用处理工作，用微信拉上内部同事、外部联系人讨论工作，这样的行为随时都可能产生信息安全风险。一个微信会话组中的人员状态是不断变化的，有人离职换工作，有人跳槽到竞争对手那里都不见得能在第一时间知晓。这样一来，信息安全又该如何保障？

企业所面临的管理难题其实就是一种机会，一款好的移动办公产品并不是简单地解决员工的办公问题，同时也要帮助企业解决管理上的痛点。让本来应该透明的信息透明起来，才有助于企业管理和团队信任，这样才能激活个体和创造力；让本来需要管控的信息进行有效管控，不会因为使用者无心之失引发信息安全风险，给企业带来损失，才能让员工真正放心使用，减少压力，提升效率。

3.3 经营成本的持续增长

1. 商业地产价格和租金昂贵

现代企业面临的一个最严峻的问题就是经营成本的持续增长,从十几万人的世界 500 强到只有几个人的创业公司都不得不面对这样的事实,那就是地价、房租的持续攀升让很多公司都喘不过气来。还是以华为为例,每年都有数千亿级别的营收,但是面对寸土寸金的深圳也开始把自己的总部迁到东莞松山湖。对于华为来说,东莞临近深圳,但是地价房租低了不止一个数量级,显然更具备性价比。

与之类似的是全球电子代工巨头富士康,在深圳坂田与华为是左邻右舍的关系,也开始了向内地二三线城市的"搬迁进行时",诸如成都、廊坊、郑州这样的城市成为富士康的新宠。我们可以看到无论是华为这种高新科技企业,还是富士康这种劳动密集型企业都需要降低持续增长的经营成本。

很多小型的创业公司在写字楼的租金上也是重要的一笔支出。以深圳为例,在南山科技园附近好一点的写字楼仅租金一项就达到200~300 元/平方米,如果一个 200 平方米的办公室,每个月的租金就差不多需要 5 万元,这还不包含水电、IT、物业管理等杂费,平均下来一个员工小小的工位每年大概就需要超过 6 万元的成本,这对于很多小公司来说的确是一笔沉重的负担。

地价、租金、各种杂费只是最直接的表象，华为、富士康从一线城市的迁出更多是考虑的人力成本。有新闻报道说华为员工的平均薪酬达到 60 万/年，深圳本科应届生的起薪就已经超过 15 万/年，因为员工在深圳这样的一线城市工作和生活，企业为了吸引人才就不得不支付这样高昂的薪酬。但是如果换成东莞、成都这样的二三线城市，新招聘的员工薪酬必然可以大幅降低，与此同时企业为其付出的各种社保、福利也会相应大幅减少，对于华为十几万人的公司、富士康这种几十万的公司可以节省的人力成本是显而易见的。

2. 劳动力成本和运营成本持续上涨

中国的劳动力成本也是节节攀升，特别是在一线城市、沿海发达城市，有些跨国企业甚至选择转战越南、印度等欠发达国家以节省人力成本。有美国的朋友告诉笔者，现在在美国看到 Made in China 的商品在逐年减少，取而代之的是 Made in Malaysia 和 Made in Indonesia。

除了租金、人力成本，企业也要面对不断攀升的经营成本。员工需要全国各地、甚至出国差旅，这就会带来大量的差旅费用；员工加班需要支付数倍的工资、福利、报销交通费等；员工的团队建设、各种福利、补贴支出；还有各种软硬件的购置、办公室的装修、IT 服务、维修、耗材等等投入。在传统企业中，这些经营类的支出都是必需的，一旦有缩减就会带来员工的强烈不满。

在很多公司制定了很多节省经营成本的规定，有些甚至是锱铢必较、啼笑皆非。比如员工出差要定晚上的高铁或机票，机票必须是经济舱的折扣票；酒店住宿不得超过一定的标准，如果是同性同地出差，需要两人合住标间；还有诸如打印的 A4 纸需要正反面利用，贴发票要用废弃的 A4 纸；晚上下班要关闭计算机和显示器以省电源，否则要被贴条罚款；甚至还有晚上和周末加班要关闭空调。俗话说家大业大，不当家不知柴米贵，创业难守业更难，这些规定都是从侧面反映出了企业在经营成本上的压力。

3. 移动办公降低成本

移动办公或者远程办公实际上在很大程度上可以减少企业经营成本，因为这意味着企业可以租用更小的办公空间，缩减员工工位，相应的配套设施都可以减少，员工不在公司也意味各种能源、耗材的减少，包括还可以减少各种 IT 设备和服务。移动办公并不表示所有员工、所有工作日都不在公司，完全脱离企业，而是尽可能地提供一种灵活性，既要保证团队协作的正常开展，也要提升员工体验，同时再降低公司的运营成本。所以，保证个人、团队、企业在一定程度上的利益平衡十分关键。

有个例子足以说明，自 1995 年以来，借助远程工作的方式，IBM 削减的办公室面积共计达 7 800 万平方英尺。其中 5 800 万平方英尺以 19 亿美元售出，空置的租借物业被转租出去，收入超过 10 亿美元。公司近 40 万名员工中，有 40%的人采用远程工作方式。

但是最近也看到新闻称 IBM 将逐步取消这种远程办公方式，让员工回归办公室，目的是为了打造更为紧密的团队关系、引发更为强烈的创意碰撞。IBM 作为一个巨型公司，在办公制度上的不断调整无可厚非，但是其管理层也表示这一举动并不是否认之前的远程办公方式。

所以，如果我们换个角度来看待这个问题，如果有一套体系能有力支撑 IBM 这种公司的远程办公，让员工不在一起也可以提升凝聚力和相互信任，并且保证团队协作的紧密开展，可能延续移动办公的制度也未尝不可。

到 2017 年，20 多年来互联网的发展，特别是移动智能设备、移动互联网的发展，让这种远程工作方式会更加便捷。更为重要的是这样的工作方式可能是一种趋势，很多国外中小型的公司都在积极倡导这样的文化。

虽然很多小型的创业公司并不能像 IBM 这样的巨头公司通过远程办公节省出如此数额巨大的成本支出，但是只要勇于接受移动办公这种新型的工作方式，也一定能在很大程度上让公司轻装上阵。实际的情况是，即使大家在同一个办公室，也许只相隔几米远，我们也习惯用电子邮件、即时通信这样的联络工具进行工作上的交流，而很多岗位工作如编程、设计、文案是否一定要在办公桌前完成工作输出根本不是必须。所以，我们有理由相信，移动办公的确能帮助企业，也能真正改变亿万人的工作方式。

3.4 企业移动转型的困难

既然移动办公是个已经到来并且会逐渐流行的趋势，它会改变亿万人的工作方式，但是为什么又说企业移动转型会面临很大的困难呢？主要有三个方面的原因：一是整个企业从上到下整体改变比较困难；二是管理者对移动办公的接受程度和顾虑；三是根深蒂固的传统企业文化限制。

1. 大企业固有的惯性

与一款个人使用的应用不同，一款企业级的应用如果想让全员使用难度非常大，因为如果是个人使用的应用自己决定即可，即使是一款付费应用，决策和购买过程也会非常简单。但是一款企业级的应用很可能会出现这样的情况，公司的高层管理者看中想让全员使用，但是基层员工不一定愿意使用，即使被迫使用很可能活跃度也不高，属于被动使用状态。如果是基层员工觉得一款应用有助于工作，但是他又很难推动自己的周边同事，一直到全公司全员使用。企业级的应用通常都不是免费的，涉及费用时，那么费用的支付从决定到审批需要经过一系列的流程和合同签署，跟个人直接通过信用卡扣款是完全不同的效率。

从上面的分析可以看出越大型的企业，员工越多的企业，想要全员进行移动化转型就越困难。这也对移动办公产品的设计和开发提出了挑战，一味迎合管理者或许有助于自顶至下的决策和使用，但是绝大部分员工会有排斥心理，但是如果缺少管理特性，管理者不埋单，那么在企业中也很难推行开来。所以一个有效的平衡非常重要。前面提到的国外移动办公平台 Slack 最开始就是通过 Be less busy 这样的口号来吸引基层员工，但是经过一段时间的发展，面对企业级的服务市场又提出 Where work happens 这种平衡员工、管理者和企业关系的口号。

2. 管理者的顾虑

企业的移动化转型所要面临的第二个困难同样是来自于管理者，主要是他们对移动办公的这种工作方式的接受程度。在前面介绍了移动办公在于"移动"，这将意味着使用移动智能设备不在固定的办公室，处于运动状态，这样的工作方式与现在相比无疑是更为自由和先进的，这也意味着管理者可能将失去更多的控制权。我们不得不承认，很多管理者的控制欲较强，对团队成员的工作时间、输出、状态都有很强烈的监督欲望，希望团队成员就在自己的眼皮底下，否则就感到不放心。对于这样的管理者，如果让他们去转变思想，告诉他们员工不必局限于办公桌前工作，可以在家办公，可以用手机办公，相信也是有很大难度。

管理者的顾虑还会来自于实施移动办公后对业务进度的影响以及信息安全的风险。在传统的管理思路下，大家同处一室，有问题即时讨论、当面交流，尤其是需要相互配合的工作可以立即找到对应的人。这样，整个团队的工作效率必然比所有成员都是"网友"的状态要高。话虽如此，但是我们也不得不承认在一起工作时会不断被人打扰，所有人的工作时间都在被碎片化，造成持续的低效率状态，更不用提每天浪费在上下班通勤上的时间和精力。

信息安全的确是一个风险，尤其是对于某些技术含量比较高、掌握了公司重要信息资产的岗位，如果大家都开始移动办公了，不在办公室里了，信息安全如何保障？这样的担心不无道理，也许有意无意之间员工就把机密文件发送到错误的群组中，在咖啡馆里不小心就泄露了商业机密。如果员工用自己的计算机、手机处理工作，产生的数据和输出很可能不是直接在公司的设备或服务器上。但是，这样的情况毕竟是少数，正如前所述，每个人的工作有四个维度，并非所有维度的工作都会涉及信息安全，涉及信息安全的工作可以采取相对严格的规定。

前面的章节提到过华为在信息安全上的严格管控，这里再介绍一些关于该公司员工在出差或外勤时的工作规范。很多岗位在出差的时候都需要借用公司专用的笔记本电脑（内部称为便携机），出差到外地工作也可以视为一种移动办公，员工所有的工作要通过公司定制的笔记本电脑来完成。这台笔记本电脑不可以随意安装软件，文件、数据的输入/输出都会被监控。员工在公共场合使用笔记本电脑也有诸多注意事项，比如使用时要保证背后无人，要做到机不离身，不在公共场所讨论问题等。

上面的例子只是反映华为在信息安全上的严格管控，但是就华为本身而言还远未达到移动办公的工作状态。

美国的 37Signals 则是一家真正实行远程办公的企业，为了解决信息安全的问题，他们制定了一套安全规定，并要求每个员工都必须遵守。比如，所有计算机必须使用硬盘加密功能，不使用自动登录、为计算机设定休眠密码和自动锁屏，访问的每一个网站都加密，个人的智能手机或是平板电脑等移动智能设备都要设置密码并且可以远程擦除信息，使用 1Password 密码管理软件，使用 Gmail 要采取双重身份认证等。

可见，信息安全可以通过一系列的科技措施来尽可能降低风险，它和移动办公没有实质性的冲突，因为就算是所有员工都在一个办公室里，你也不能保证就是绝对的安全。更多时候，一个有着明确规范、相互信任的团队可能才是信息安全最好的保障。

3. 企业文化

企业移动化转型一个终极的拦路虎大概就是根深蒂固的传统企业文化，在一家传统企业中都是会认为所有的员工同时在一起才能创造伟大的企业文化。大家一起加班加点为项目冲刺，在会议室里争得面红耳赤，丰富多彩的团队建设活动，统一的工卡、制服、行为规范、思想都是构成企业文化的重要组成部分。

但是在个体崛起的时代，这种集体主义式的企业文化实际上已经渐渐瓦解，在互联网尤其是移动互联网发达的今天，每个人的连接关系早就不仅仅局限于"见面三分情"，每个人都是在通过网络去更多地了解彼此。在新时代，优秀的企业文化并不是把所有不同个性的人塑造成符合企业家期望的同一类人，而是聚集大量不同风格的人，保持他们的个性，并尽可能发挥他们最大的才智为企业创造价值。

3.5 管理效率低下

1. 组织结构落后和时间耗费严重

随着信息技术的进步，源自工业革命时代的管理方式已经渐渐落伍，不少 60 后、70 后的企业家在企业管理上也开始感到吃力。员工越来越年轻，思想也更加活跃，团队如何营造信任的氛围，如何激活员工的创造力，管理者自己如何去管理千头万绪的人员和事项，这都对现代企业管理提出了挑战。提升企业管理水平是一个亟待解决的问题。

目前大多数传统企业基本上都是金字塔式的组织结构，大量的基层员工，一层又一层的管理者，越大的组织其等级就越森严。除了纵向的组织架构，还会有横向的部门墙，无论是自底向上地推动工作，还是跨部门的协作都需要耗费很大的精力。很多时间被耗费在内部协调上，不少大企业内耗都相当严重。以一个设计方案为例，当设计师完成后可能需要一次次汇报，接受一层层的评审，然后进行反复的修改，很多任务在无休止的讨论中停滞不前。

移动办公应用可以打造一个层级扁平化的组织，扁平化的组织并不是没有等级，也同样可以有组织架构和上下级的关系，但是不同层级的人可以存在于一个会话组中，基层员工的意见也可以直接被高级管理者看到。如果再开放一点，甚至可以打造一个去中心化的组织，让传统的金字塔结构的组织变成网状结构，没有很多层的管理者，每个人都是一个节点，相互连接发挥各自的作用。

管理效率低下还表现在时间耗费上，除了上述因为组织架构的原因带来的管理时间上的耗费，还有管理者自身管理手段的落后。在工业革命时代形成的管理思路都是强调去管理成员的缺陷、去补短板，仿佛所有人都要遵循一个模板，管理者的作用就是根据模板的标准去衡量每一个人，与模板不符合的地方就要去修正。从本质上来看，传统的管理更像是去"修复"人，然后使之符合组织的要求。但是在个体崛起的时代，这样的管理模式已经不符合时代需要，只会让管理效率低下、成果不明显，甚至会让被管理者产生逆反心理。

2. 管理要有"破局"思维

清华大学经济管理学院创新创业与战略系教授、博士生导师、清华大学公司治理研究中心执行主任宁向东教授是这样定义管理的："任何人，任何团队，任何组织，都有一个自然倾向，就是形成一个既定之局——各个因素都是确定的，信息是明确的，高度规范化、结构化的局面。在这个局面里，大家都很舒服，很有安全感。它只有一个缺陷——没有创造力，没有解决问题的新办法，所以很多新事都干不成，这叫既定之局。所谓做管理，就是和这个自然倾向斗争，通过协调关系，加减元素，重塑结构等一系列手段，让原来的局面发生变化，找到问题的新的解决方法，这才是更抽象意义的管理。"

可以看出，宁向东教授所提出的管理新定义并不是去形成规则、维护规则，反而是要打破过去的规则和规矩，是对上面提到的"既定之局"的"破局"。以金蝶云之家产品为例，它给企业提供了一个移动管理平台，但是目标不是管控员工，而是"凝聚信任，激活创造力"。在个体崛起的时代，企业的各种管理手段不应该是去束缚个体，而是要让员工发挥自己的特有的价值，不是补短板，而是加长加固长板。移动办公可以改变现有的管理方式，改变亿万人的工作方式，这种破局的思想和宁向东教授的观点不谋而合。

3. 工作大数据下的管理

在一个传统的组织中，特别是一个比较大型的团队中，管理者有时候并不能准确识别出高效率的员工，大多时候只能凭自己的一些观察和主观判断，有时候难免会被一些"假积极"的员工所迷惑。同样的，一些低效率的员工因为经常加班很有可能被视为是一个辛勤努力的员工。这种因为主观判断的不准确，也会给团队带来不公平的氛围，让管理效率低下。

其实，如果将移动办公应用运用到工作场景中，团队成员的各种工作表现都可以被分析和量化，并作为管理者评估的参考。这就像是手机上的一些运动 APP，根据你运动的频率、时间、强度，结合手机传感器或者智能手表收集到的心跳、体温等数据来判断你的运动效果一样。

工作表现的维度有很多，例如，每个工作任务完成的效率、得到的周边评价，有没有及时的处理待办事项，跟其他成员沟通的频率，工作汇报提交的准时率，分享的知识有多少，甚至召开或参加了多少会议，拜访的客户数量，促成的商机，出差的次数和时长，等等。这些体现工作积极度的事项纵使管理者有三头六臂也不可能对所有团队成员了如指掌，但是如果有了一个高效的移动管理平台，那么管理者就能获得更多的量化信息，真正让团队成员的每一次付出都会被看到。这样的体系绝不是去监控员工，事实上，所有的数据都是员工自己生成的，平台只是做一个客观的统计分析，对所有人都是公平的，它可以帮助管理者更好的判断，并不涉及具体的内容。

对人的管理从来都是最难的，在未来每个人都将是一组被量化的数据，在工作场合也不例外，虽然管理工作还不能被机器取代，但是一个智能的移动管理平台可以通过科学的大数据分析帮助管理者开展管理工作，从而极大提升管理效率。在一个全面实施移动办公的组织中，管理者反而可以更关注员工真实的工作输出，员工的工作成果可能是衡量员工价值的最主要标准。管理者不用再去管某某员工早上是不是迟到了，晚上是不是加班了，也不用管他是不是在上班时间处理私事。最终将使得员工获得自由，管理者管理效率提升。

移动办公的场景

第四章

4.1 便捷的沟通协作

在《移动办公的本质》中已经表达了这样的观点，移动办公的本质就是解决工作中的沟通问题，因此我们也可以这样理解，移动办公最重要的场景就是便捷的沟通协作。同事之间、商务联系人之间有了便捷的沟通协作才谈得上工作的顺利开展。

工作场合中的沟通有别于日常生活中的沟通，所以移动办公产品打造的沟通协作场景会更关注工作场合的需求。

1. 即时消息

以消息这种沟通形式为例，如果只是日常生活中某条微信消息，那么作为微信平台可能并不会将这条消息做特殊的处理，它不会分析这条消息的重要性，不会管是你朋友发来的还是父母发来的，不会管这条消息是不是要在一定时间内被回复，这些都是需要用户自己去识别和判断。

但是在工作场合的消息如果全靠用户自己判断将会额外增加时间和精力上的耗费。而且工作场合中的消息有需要马上回复处理的，比如某个客户反馈的紧急问题；有需要提醒自己后续关注的，比如某个会议通知；还有相关问题讨论需要发表意见的；有上司和下属发来的消息，有其他部门同事或是外部商务联系人发来的消息。这些消息的紧急程度、重要性都各不相同，因为又是与工作相关，如果处理不当极有可能会给用户带来不好的影响（见下图）。

为什么很多人不太愿意用个人的社交应用讨论工作，原因就是一打开就会看到上面提到的各种工作相关的消息，而这些消息混在日常生活消息中，但是又需要用户去一一准确判断紧急程度、重要性，以避免不当处理，无形中增加了很多心理负担（见下图）。不少人生活中的性格、表现和工作中的性格、表现有很大差异，如果需要在同一个平台中不停切换，难免会有些人格分裂。

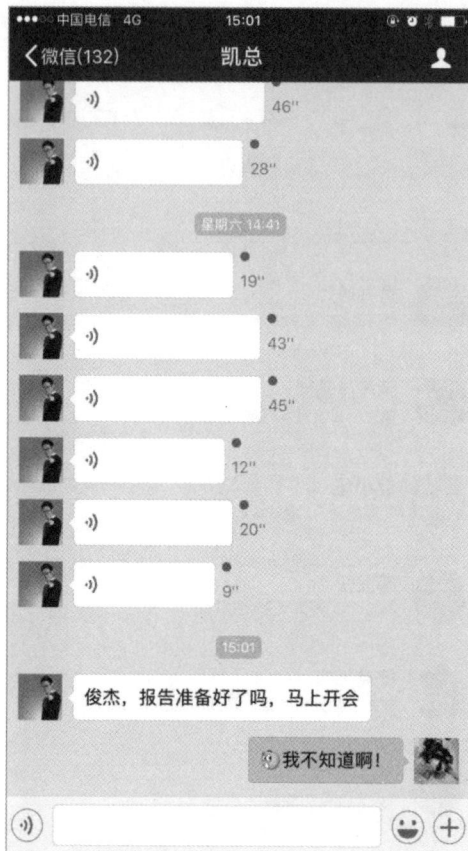

了解这一点就不难发现移动办公产品如果要解决沟通协作的问题。首先是要把用户从微信中讨论工作解救出来，让他们不再"精神分裂"；其次是要对工作场合中的消息进行分门别类，帮助用户识别和判断紧急性和重要程度，让他们更轻松应对职场沟通。

比如，首先可根据组织架构树来判断消息的发送者和接收者的关系，两人是上下级关系、是同部门同事、是跨部门同事、是不同公司的联系人这些都可以判断出来，而这些关系在微信里统一是好友关系。其次根据消息的内容或类型来判断是一条会议通知、是一个请假知会、是一个流程审批、是一个工作汇报等。还可以融合人工智能，对自然语言消息的内容进行语义分析，结合@（指名提及）可以分辨出一条消息的轻重缓急。

工作中消息的优先级比普通社交应用上的优先级会更重要，通过对消息发送者的关系判断、类型判断以及语义分析，得出消息的优先级并通过一个合理的形式呈现，这会比让用户按照时间顺序逐一阅读自行识别判断更高效和节省精力。

2. 会议

消息是属于一直滞后反馈类的交流方式，因为消息大部分情况下不会像面对面交流那样需要对方立即回复，关于这点在本书附录《社交软件中的直接交流和间接交流》中有更为详细的介绍。在工作场合中也有很重要的一种直接交流，那就是开会。如何让用户方便地开会、顺利地加入会议，以及覆盖各种不同的会议情形是移动办公产品要考虑的场景。

你可能会问，不就是开会吗？有那么多情形需要考虑吗？其实会议的情形非常多，不同的会议对会议环境、设备和参与人员都有不同的要求。就以最普通的一群人在一个会议室开会为例，有可能只是大家聚在一起讨论问题，不需要接语音会议，但是这个时候要不要投影仪，投影仪是传统的还是智能电视，是否需要白板写写画画，等等，马上就会有多种会议情形。

如果是需要开语音会议，那么情况就更加多，比如是用什么设备召开语音会议，与会者有几方，与会者是以什么方式、什么设备接入会议，开会过程是否需要共享屏幕，等等。视频会议也是类似的情况，同时还要考虑不同接入方的网络等情况（见下图）。

会议的规模也是有很大不同，有可能几个人的电话会议，有可能是上千人的培训会议，还有可能是大型的发布会、直播会议，那么这些不同规模的会议对于会议的组织、过程控制、设备要求都有很大不同。如果再考虑会前的预定和通知，会后的纪要和任务跟踪，会议的场景，其实需要很专业的设计，并不是简单地发起和接入那么简单。

3. 更多类型的沟通

沟通和协作在移动办公产品中并不是只有发消息和开会两种形式，比消息更为正式的邮件、提交给上司的工作日报周报月报、一个出差流程的审批、全员公告等都是工作中的沟通和协作。

云之家的客户中石化壳牌公司就对全员公告"情有独钟"，在该公司还没有用云之家的时候每次发布全员公告都非常头疼，他们甚至采用非常原始的线下方式，把公告打印出来贴在加油站等门店，但是每次都不清楚公告是否传递到位。自从采用了云之家，公告内容可以直接推送给员工，多少人已看，多少人没看一目了然。

职场上的沟通同样有间接交流的需要，比如一个行业要闻的分享，一篇专业文章的分享，一次培训、团队活动的分享，这些间接交流内容并不是如同开会那样直接，甚至不需要别人的回复，但是它也是职场中一种必要的沟通方式，起到提升工作氛围、融洽团队关系的作用。

作为一款移动办公产品，提供便捷的沟通协作是一个基础场景，如果这个场景满足不了，团队中的沟通协作就要找另外的产品来替代。有的公司内部并不是没有健全的流程体系，大家也可以通过 ERP、OA 系统完成一部分流程类的沟通协作，但是团队之间的交流仍然不得不依赖于微信、QQ 这样的社交软件。工作场合有个很重要的关注点就是信息安全，如果通过个人社交软件来谈论工作，传输工作相关的文档、资料，召开重要的会议，那么信息安全就是一种不可控状态。一旦有个文件发错了群组，很难界定究竟是有意还是无意，如果造成难以弥补的损失追溯起来也是一件麻烦复杂的事情。

所以，为企业、为团队提供一个可靠的沟通协作平台是移动办公产品的主要目标之一。工作中的场合其实没有必要为沟通提供像个人社交平台那样过于轻松、随意的环境，各种搞笑的表情、纷繁的个性化皮肤都没有很大的必要性。充分考虑交流双方在工作场合中的需求，保证沟通协作发起简单、过程便捷安全、信息呈现清晰有序，并尽可能地覆盖多的场景最为关键。

■■■■

4.2 健全的组织架构

1. 何为组织架构

和普通的社交软件相比，一款专业的移动办公产品需要提供安全可靠的组织架构。如果说沟通协作是基础，那么组织架构就是强有力的支撑。微信这种个人社交软件中的好友在通讯录中都是按照字母排列，虽然说你可以将个别好友设置成重要联系人，也可以将不同的好友拉入一个会话群组中，但是本质上并没有组织架构的概念（见下图）。

什么是组织架构呢？企业中的组织架构不仅仅是一个员工的花名册，它可以体现人与人之间的关系，比如 A 和 B 是上下级关系，B 和 C 是平级关系；它可以体现不同的人所处的团队，比如 A、B、C 是一个部门，D、E、F 又是另一个部门；它还可以体现一个人的岗位、职级，比如 A 是一名设计部经理，B 是一名 Java 工程师（见下图）。

一个健全的组织架构还会有更多的特征，比如不同职级、不同岗位的权限可能不一样，普通人员信息（如邮箱、电话、职位、生日、级别）的公开透明和敏感人员信息的隐藏并存。还有分管多个部门的管理者、团队中的多个副职等相关内容，都可以在组织架构中体现出来（见下图）。

在一款专业的移动办公产品中，组织架构所承载的各种人员关系都可以被具体的业务功能所使用，而不是简单地存在于组织架构中。比如，当一个下属提交一份工作周报后，应该自动就被他的上司收到，而不是还需要他去选择接收人；当某员工提交一个请假流程后，也是根据组织架构中的关系自动走到上司、HR 等角色中去审批。

2. 何为安全的组织架构

如何理解安全的组织架构呢？既然是组织架构，那就表示同一个组织架构中的所有人应该都处于一个共同的组织中，简单来说，大家应该至少都是在一个团队或者企业中。同时，组织架构中的人员信息要正确，尤其是姓名、部门、职位、联系方式这类关键信息，特别是部门、职位、联系方式极有可能会变动，需要保证及时更新。所以安全的组织架构可以理解为"准确"，不属于同一个组织的人员不应该存在于同一个组织架构中，查找到的人员信息也应该是正确的。

这样就不难看出，像微信、QQ这种个人社交平台是不具备一个安全的组织架构的特征。比如，一个跨部门的项目组可能在微信中建立了一个会话组，里面有各种角色，但是当其中一个人离职了，或者岗位有变动，在微信中并不能及时体现，甚至跳槽到竞争对手那里群里的其他人可能还蒙在鼓里。

笔者在之前的公司就遇到过这种尴尬的情况，当时大家都用微信建立各种会话组讨论工作，每个会话组都会有各种不同岗位、不同部门的人，这些会话组大部分都有一个高级领导A在里面，有些会话组还是这名高级领导自己创建的。但是后来这个高级领导A离职了，而且是去了一个竞争对手那里。于是接任A的另一名领导B就要求所有会话群里把A踢出去。但问题是有些群本身就是A创建的，里面有很多关于项目的讨论，根本无法踢除A，而且有意思的是A知道这个消息后就在群里和朋友圈中发文说谁要是敢踢他就解除好友关系。面对这样的威胁，大家只好重新创建各种会话组，原先会话组大家虽然不再讨论，但是里面其实还是有不少项目相关的内容，结果变成所有权在一个竞争对手的高管那里。

相信上面举的例子在很多还在用微信、QQ讨论工作的公司中都会存在，我们经常说用微信讨论工作让人反感，其实信息安全是一个更为严重的问题。

微信中很多人都是以昵称的方式，有的人在工作会话组里修改了群名称为自己的本名，但是也没有所属部门、职位的确切信息，其他人在搜索的时候都对不上号，这就是一种不准确，给工作相关的同事增加了额外的记忆负担。

在日常工作中还有一种现象，那就是跨公司的沟通。每个企业并不是一座孤岛，企业内的员工也要跟企业外的上下游、合作方、客户进行沟通。如果采取微信群组的形式同样会出现问题，因为有时候同一家公司内的同事离职、换部门、换岗位都不能及时知晓，更不用提其他公司的联系人了。很有可能在一个人员庞杂的工作群中，不知情的人上传了重要的资料、文档，结果有已经不相干、甚至成为竞争对手的人还在群中。因为并不是每个人都会在换了岗位、跳槽之后会主动说明或是自觉退出群组。

如果一个庞大的群组中经常有人工作变动，但是工作变动的人又故意不退群或者忘记退群，那么很显然会给群中其他人的工作讨论带来不便。有时候群主碍于情面可能不好意思直接踢除人员，只能重新再建群，不仅耗时耗力，而且以前群中的内容也不方便转移，让工作的讨论中断。尤其像微信群组，其中的消息内容如果在换了手机的情况下是不会自动转移的，这也会给很多工作场合带来不便。

所以，工作上的讨论、工作关系的建立还是应该用专业的工具管理，采用专业的移动办公平台就能解决上述各种不便和信息安全隐患。

以金蝶云之家为例，它就提供了非常专业严谨的组织架构，团队成员关系一目了然，内外部联系人清晰区分。组建的内部会话组，可以清楚地看到每个所属的部门，如果有成员离职该成员会自动退出整个组织架构，因而也会退出会话组，群里的其他成员会清楚地知道情况。组建的外部会话组，即会话组中含有外公司的成员，首先会话组有明显的标识，跟内部会话组区别开，同时会话组中的外公司成员如果一旦跳槽换公司，在群中也会立即有提示。正是通过对会话组成员中所属组织架构的判断，在有变更的情况下及时通知相关成员或自动清退，保证了群组沟通的信息安全。

在移动办公平台上搭建组织架构也要根据公司的规模进行区分。比如是一个几十人的小公司，可能由团队领导或是 HR 之类的角色创建团队和部门之后再把其他人员通过手机号、微信的方式邀请加入即可，加入团队的人每个人维护好自己的个人信息。对于人数比较多的团队，本身已经有了成熟复杂的组织架构的公司就可以采取由 IT 部门统一导入的形式，每个人所属的组织、个人关键信息都统一导入保证正确性。

一款移动办公产品是否专业，就要看其是否能提供专业的组织架构，并把组织架构的关系共享到不同的应用中去。如果做不到这一点，只是简单地做成了手机通讯录一样的联系人，那么就不适合工作场景使用。

4.3 丰富的企业应用

移动办公平台可以通过组织架构把同事及工作相关的人聚集起来，并提供丰富的在线沟通交流形式，这一点至关重要，这也是为各种企业应用的使用打下了基础。一个企业在运作的过程中会涉及不同岗位的协作，这些协作从发起到结束的整个过程都需要一定的"规则"，移动办公平台上的各种企业级的应用就是起到方便协作、保证规则的作用（见下图）。

1. 企业级应用介绍

企业应用和个人应用会有很大的区别，首先它们的场景主要适用于企业或者一个团队中，即如果是单个的个体去使用可能作用会有限，因为企业级的应用是为了完成协作，这就要求有不同的角色完成各自的部分才能使整个流程运转。

下面以一个简单的请假应用为例，并不是请假者本人提交一个请假就完事了，请假者提交完请假申请后需要他的直接上级进行审批，上级审批完需要到 HR 处审批，后续还会涉及财务计算工资等。我们可以看到，即使是一个很普通的请假也会涉及多种不同的岗位角色去共同完成，如果有一个角色缺失，那么请假这个场景就会不完整（见下图）。

类似的场景还有不少，尤其是审批类的场景，比如出差申请和差旅报销，这不是出差者本人一个人就能完成的事情，会涉及内部和外部的多方协作。

企业应用还有一个重要的特征是不同的使用者由于角色不同需求也会有很大差别。这一点并不难理解，在工作的场合，大家的岗位不同，负责的工作范围不同，职级也会有区别，那么期望从同一个企业应用中获取的信息也会不同。

以签到为例，如果是一名普通的基层员工，他对签到的期望可能就是可以快速完成签到，在忘记签到的时候会给他提醒，甚至是智能地记录他的工作时间。如果一旦签到出现异常，或者因为网络、GPS定位等原因无法顺利签到，那么就会感到沮丧，因为签到会影响到考勤，而考勤又与工资相关。但是，如果是一名团队管理者，他除了关心自己的签到是否正常外，还会关心团队成员的签到。如果是一名HR，他则可能会关注整个部门的签到情况（见下图）。

企业级的应用还有非常多，比如在云之家上就有专门的企业应用平台，接入了大量适合企业工作场景的应用。例如工作汇报，员工可以利用碎片化时间在手机上编写和提交日报、周报、月报，对于销售等岗位还有专门的业绩日报。作为管理者可以在手机上就快速浏览、点评团队成员的工作汇报，并且能快速知道哪些人还没有提交，管理起来更加轻松。

云之家中提供的企业云盘也加入了企业属性，除了可以管理员工个人的文件，还可以创建团队共享文件并设定可见范围，公司也可以在云盘上公开全员可浏览的政策文件。企业云盘和组织架构打通，可以将文件转发到团队内部，并且可以多端操作，极大提升了协作效率。

除此之外，如公告、会议通知、会议预定、任务等都是非常常见的企业工作场景。

2. 开放的生态系统

一个移动办公平台肯定是一个开放的生态系统，因为整个社会有很多公司都专注于某个细分的企业工作场景，这些公司推出的企业应用更深入和专业。

在云之家上就有很多合作伙伴入驻，比如专门用于项目管理场景的 Teambition，用于表单设计和数据收集的管理工具表单大师，掌上工资条 U 薪资，企业消费和报销管理工具易快报销，提供客服能力的逸创云客服，为员工提供社保服务的 51 社保，等等。

云之家和京东就达成了战略合作，通过与京东金融连接，在云之家内就可以收发红包。这个红包也加入了企业属性，和微信中的个人红包只用于消息的场景不同，而是在很多工作场景都植入了红包，比如上司看到某团队成员签到时间早、加班时间晚就可以直接打赏，如果他的工作汇报写得好同样可以打赏。还可以发专属红包，也就是只有特定的人才能领取，这样可以起到一个在线的当众表扬的作用。

企业级的服务不仅局限于企业内部的工作场景，当以一个生态系统的角度来看时，它将可以拓展到企业与企业之间，以及企业员工的职场服务。比如在云之家上完成认证的企业，云之家就可以为该企业做背书，该企业就能享受更好的企业级服务，如提供免费的电话、礼品采购折扣、商旅预订优惠等。云之家还可以为认证企业的员工做背书，协助其完成差旅预定报销、员工贷款、办理信用卡等。

作为平台可以提供丰富的企业级应用，但是并不表示所有的企业都要使用这些服务，企业可以根据自己的需求选择开通合适的应用。一款优秀的移动办公平台必定能吸引优秀的合作方入驻，从而为使用该平台的客户提供所需要的企业应用。

4.4　安全的工作环境

如果说一个用于工作的平台不安全，或者因为使用者无意识地操作导致信息安全问题，那么就会造成企业对这个平台的不信任，员工在使用的时候也会战战兢兢，如此一来就不会有好的用户体验。所以，作为移动办公平台各种安全上的技术保障要做到位。

那么，怎么做才是一个安全的移动办公平台？可以从三个层面去看待这个问题，即员工层面、公司层面和平台层面。

（1）员工层面

移动办公平台在给员工创造方便的线上办公环境的同时，也应该尽可能地保证使用过程的安全性。例如，文件的转发就是一个比较敏感的操作，如果不小心发到错误群组或是转给了错误的接受者应该提供反悔机制，因为工作场合的失误会比生活场景中更令人尴尬，甚至会带来损失。文件的传递也应该是可以被追溯的，并通过权限、加密等方式产生一定的约束性。

员工在使用过程中的安全控制还表现在一些细节体验上，比如一些重要会话消息的节目、个人信息界面、文件浏览界面有对应的水印信息，这也可以减少被截屏转发的情况。一份文件谁下载过，谁浏览过都会有留痕。个人的联系方式会被保护，不会像个人社交软件那样可以被随意添加，增加电信诈骗的风险。之前就看到过一则新闻报道说，一个新入职的会计被加入了自己"部门"的微信会话组，会话组里都是自己的"同事"，结果一个"领导"让其转账到一个账户中，这名会计毫无怀疑地按要求转了账。后来才发现所谓的部门微信会话组根本就是一个诈骗集团，里面所有的"同事"都是托。个人的社交软件的确可能存在这样的风险，但是被用于工作的移动办公平台一定要杜绝这种可能，同事关系一定是经过安全验证的。

员工在使用的过程中如果遇到账号被盗、忘记密码、更换手机等常用登录设备时，也应该有对应的安全机制帮助员工找回账号密码并安全登录。

（2）公司层面

在前面的章节已经介绍过，企业移动化转型的一个困难点就是对信息安全的担忧，因此，一个移动办公平台需要完善的安全体系来保障企业的信息安全。比如，一个企业的组织架构中团队成员一定是真实准确的，进入和退出都要有严格的机制，这样在组织架构中的成员才会信任彼此。比如，在云之家中可以设置成只有管理员才有权利添加成员，这样就可以防止非本组织成员有意无意地加入组织中来。团队中如果有敏感的岗位、部门还可以进行隐藏，甚至可以将整个团队隐藏，这样外部人员就无法通过搜索查看到。

　　组织是流动的，有人入职有人离职，这些情况也需要严格管控。如果是在微信中，经常会有企业建立了很多用于讨论工作的会话组，如果有人离职了，但是离职人员可能有意或者无意仍然留在会话组中，这样必然会带来一定的信息安全风险。所以在专业的移动办公平台，离职人员会自动退出团队和所在的会话组。对于有内部成员和外部成员组合而成的联合会话组，如果有成员换了工作也同样会有很明确的提示（见下图）。

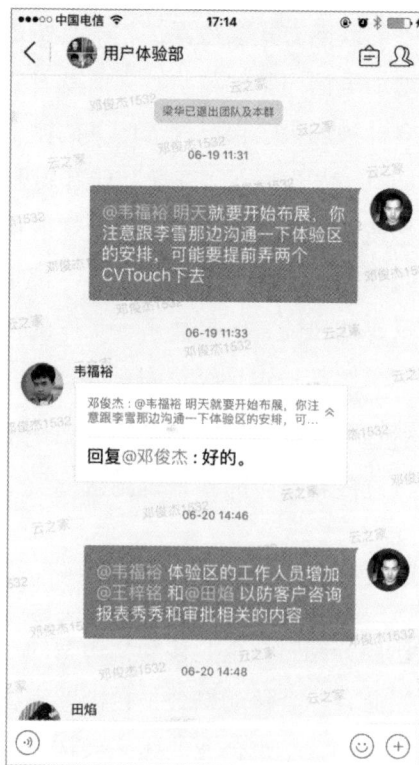

每个企业都有自己的工作圈，这些圈之间的数据应该是相互隔离的，不能相互访问调用，这样就可以保证 A 公司的消息和文件不会被直接转发到 B 公司的群组中去。

（3）平台层面

安全性很重要的一点就是移动办公平台本身的安全。比如，平台中大量的数据需要保存，这些都是与工作相关的，一旦出现丢失就会给企业带来很多损失，因此要做好备份、容灾处理，平台在出现突发故障时也可以在短时间内完成恢复。这点和微信这种个人社交平台有很大不同，微信上的图片或文件过 7 天就会失效，但是这种情况不可能在工作场景中出现，除非是用户自己删除，否则都要保存起来。所以一个移动办公平台随着时间的推移，数据量的增长是非常惊人的，这对产品的架构、性能都有很高的技术要求。

除此之外，平台还需要防止黑客攻击、账号和重要接口暴力破解等措施，安全的访问、加密传输、第三方应用鉴权等机制。这些都需要一个专业资深的技术和运维团队长期保障。有些客户还会担忧平台方是否会监控自己公司产生的数据。这一点并不用担心，以云之家为例，已经获得 ISO 27000 国内第一张 SaaS 证书，针对用户管理、数据安全、运维管理、合规管理等多方面进行控制、监测和改进。

安全对于办公是一个极其重要而又专业的场景，也是一项重要的技术门槛。企业客户相比个人用户会更加注重一个平台的安全保障能力，这也是移动办公平台核心竞争力之一。

■ ■ ■ ■

4.5 自由的多端同步

移动办公并不是指完全用手机办公，并不是把原先要在计算机上完成的事情全部都转移到手机上，手机虽然有随身携带、随时联网的优势，但是也有屏幕小、操作不便以及容易被打扰的劣势，所以手机并不适合处理所有的工作。除了手机之外，现在也有了不少其他智能移动设备、可穿戴智能设备，这些都可能会被用于工作中。

（1）计算机端和手机端的切换

移动办公产品首先要解决的一个场景就是计算机端和手机端随时切换，因为当员工坐在计算机前，使用计算机来处理工作上的事情肯定更自然。如果明明对着计算机屏幕，却还在小小的手机屏幕上操作那就会本末倒置。手机已经变成了个人信息处理的中心，虽然可以处理工作，但是个人相关应用和内容也很多，特别是有很多消息、通知推送，有时候难免会影响到工作的开展。

因此在计算机端适合聚焦工作，特别是长时间处理复杂的操作、编辑。我们有很多文档、资料其实都是存储在计算机或者服务器上，这些文件的下载、查看、归档、加密、传输等操作在计算机上会更方便。有的人工作计算机可能不止一台，比如一个固定的台式计算机，一个笔记本计算机，或者办公室一台计算机，家中一台计算机，那么不同的工作计算机之间就涉及同步。比较理想的情况是换了计算机后也能直接继续之前的工作，这样就可以极大提升效率。

手机端受限于屏幕和交互方式，但是也有移动的优势，因此比较适合处理信息查阅、快速回复、流程审批等轻交互的工作，同时在时间、地点的要求上会更低，甚至可以利用碎片化的时间去处理工作。手机本身具有天然的通信、联网能力，因此很适合开展消息、通话、会议方面的沟通交流。工作中的社交分享也很适合用手机来完成。还有诸如移动签到、投票这样的工作场景用手机会更加方便。

我们可以看到计算机端和手机端中可开展的工作有很强的互补关系，并不是替代关系。有些工作的确可以用计算机完成，也可以用手机完成，这时基本上就取决于用户自身所处的状态。比如，提交一个工作汇报，在计算机前就用计算机，但是如果是在车上那就可以用手机。再如，回复一封邮件，在计算机前可能适合完成篇幅较长、带有附件等信息的邮件，但是用手机可能就是简单地回复几句话。

（2）更多设备

除此之外，还会涉及其他一些终端设备会被用于工作场景，比如用于会议室投影的智能电视、机顶盒，这时并不需要同步能力，但是需要镜像显示笔记本电脑或者手机屏幕。这就相当于把自己的部分工作内容来同步展示给别人看，还包括开远程的视频会议共享自己桌面的情况。

每个人的可移动智能设备、智能穿戴式设备日趋增多，比如 Pad、智能手表、智能手环，这些设备也将会承载一定的移动办公能力。这些设备和智能手机一样，它们不是为了处理所有的工作，而是结合自身的特点来处理适合的工作。这些设备可以看作智能手机的一种延伸，从而让移动办公适应更多的场景。

以云之家为例，就提供了 PC 端、Web 端、手机端（含 iOS 和安卓系统），不论你是用公司的计算机还是自己家中的计算机，或者是不同系统的手机都可以轻松处理工作。计算机中的文件可以同步到手机端查看，手机上的截图或照片也可以同步到计算机中。无论是在计算机前，还是移动状态中，与工作相关的连接都不会中断。正如前所述，自由的多端同步并不是互相替代，而是打造一个无缝的切换，在任何时候都能找到最舒适的工作方式。

4.6 科学的量化体系

（1）量化自我

量化自我（Quantified Self，QS）是指通过科技方式将一个人日常生活的各方面，包括物质摄入、身体状况及体能情况记录下来的一项活动。这个概念由于手机传感器、各种智能设备、可穿戴式设备的发展变得流行起来，一时间每个人都变成了一堆"数字"。

用手机就可以知道自己每天走了多少步，消耗了多少脂肪，配合智能手表或手环还能知道运动过程中的心率、运动量和运动强度。一个体脂秤就能知道自己的体重、体脂率、肌肉率、内脏脂肪、基础代谢率、蛋白质、骨量，还能测算 BMI（Body Mass Index，身体质量指数）。一个智能枕头就知道你晚上的入睡时间、深度睡眠时间、睡眠质量等。这就像我们去医院进行体检，最终的体检报告可能就是一个个数值，因为数值最直观也最能说明问题。

不仅有对体征的量化，一个人的很多方面都在被量化，比如支付宝会根据你的购物情况来判断你的收入水平、信用指数，微信根据你在 APP 内的消费情况、理财额度来发放给你的微粒贷的额度。也就是说你日常的消费行为、信用情况都是被量化的。

生活场景中的量化自我已经涉及了方方面面，工作场景中的量化自我也会是一个重要需求，而移动办公产品就非常自然地承担了工作场景中的量化自我。那么工作场景中有哪些地方可以量化自我呢？工作场景中的量化自我又有什么意义？

一个人的工作时长，特别是有效的工作时间，开会时长，出差时长，培训时长就可以通过签到考勤、会议日常、出差申请等应用计算出来。除此之外，一个人的协作度也可以被轻松量化，比如处理了多少邮件、审批的流程、发送了多少消息、共享了多少文件、组织了多少会议，使用移动办公产品的时长、频率，这些都能反映出一个人的协作度。如果一个员工从来不及时处理邮件，很少与他人互动，他的协作度可能就不高，至少效率会不高（见下图）。

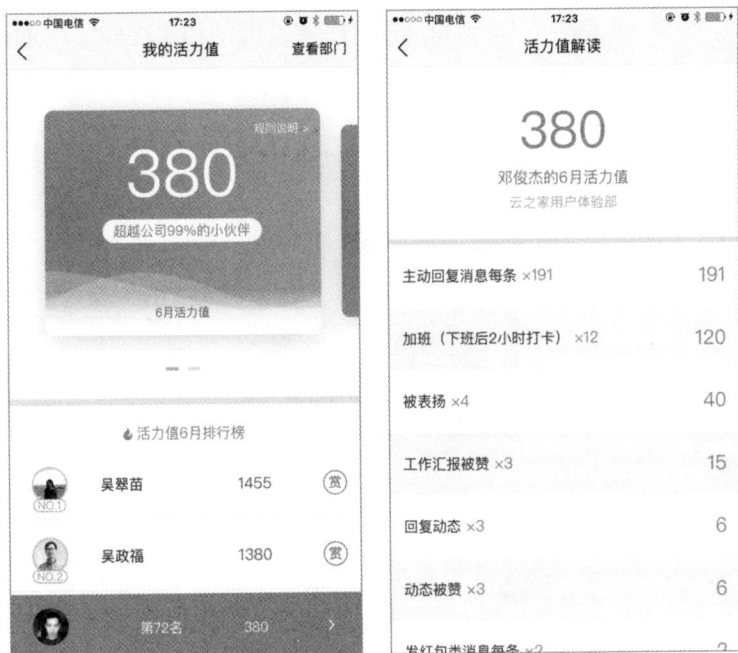

●●○○ 中国电信 🤐	17:23	🔋 🕸 ✳ 📶
〈 我的活力值		查看部门

规则说明 〉

380

超越公司99%的小伙伴

6月活力值

🔥 活力值6月排行榜

	吴翠苗	1455	赏
NO.1			
	吴政福	1380	赏
NO.2			

| 第72名 | 380 | 〉 |

●●○○ 中国电信 🤐	17:23	🔋 🕸 ✳ 📶
〈	活力值解读	

380

邓俊杰的6月活力值
云之家用户体验部

主动回复消息每条 ×191	191
加班（下班后2小时打卡）×12	120
被表扬 ×4	40
工作汇报被赞 ×3	15
回复动态 ×3	6
动态被赞 ×3	6
发红包类消息每条 ×2	2

工作环境中没有人是绝对孤立的，很多项目是需要团队合作，那么你获得多少的点赞，你分享的内容被多少人回复转发，收到了多少红包都是对你很客观的量化，这也能反映出你在团队中给他人的印象。

　　所以工作场景中的量化自我对于员工来说可以看到自己工作时间上的分配，如果发觉自己的有效工作时间很低，那么就应该做出适当的调整，比如少参加无关紧要的会议；如果发觉自己的协作度低，那么就要考虑如何去提升。对于团队管理者来说可以比较直观地发现团队中工作投入度比较高的成员，以及整个团队的战斗力等情况。

（2）量化团队

　　移动办公产品可以在工作场景中量化自我，当每个个体被量化的时候团队量化也就显现出来。一个团队整体的工作效率、工作时间、成员之间的配合度、成员的流动等情况都会成为一个个被量化的数字，那么这个团队的战斗力、跟周边团队的对比、这些数值阶段性的变化也都将一一呈现。作为团队的管理者也可以利用这些团队量化数据作为优化团队的参考（见下图）。

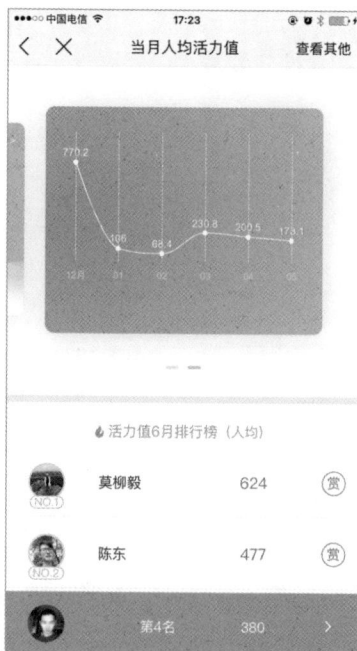

当一个个团队量化数据生成后又可以得到一个企业的量化数据，即从一个企业的角度出发看看每个团队的表现，然后综合出整个企业的表现。如果再把相关企业再放到一起进行比较，或许还可以看到整个行业的量化数据，如整个行业的城市分布、人才结构等。

所以，移动办公产品中植入一套科学的量化体系也是非常重要的场景，它的作用不是仅仅去量化单个工作者，而是通过工作场景中的量化自我，进而可以达到量化团队、量化企业的目的，甚至做到量化行业。

第五章

移动办公在不同规模企业中的应用

5.1 小微企业

关于国内企业的规模的划分有相关规定，除了跟人员数量相关之外还跟诸如行业、营业收入等相关，所以怎么划分企业规模涉及几个维度，并非是个一刀切的精准标准。因为移动办公主要跟人员沟通协作相关，所以这里为了结合移动办公的场景，还是以企业内大概的人员数量来粗略划分企业规模。一般来说，50~300人的企业就可以算作小型企业，20人以下的企业可以算作微型企业，还有几个人的工作室等基本上都可以算作是小微企业的范畴，当然这个划分仅仅是看人员数量这个维度。

小微企业使用移动办公产品有着得天独厚的优势，因为人员少，决策简单，全员推行的阻力也相对较小，甚至有可能是自底而上的自发使用。但是劣势也很明显，也是因为人员少，沟通协作相对不复杂，流程制度不是很规范，可能用移动办公产品的需求反而不太强烈。尤其是大家都坐在一个办公室，相互都有微信，至少在团队成员相互沟通上并不是问题。但是不少小微企业也同样有移动办公的需求，特别是当团队成员中有经常出差、跑外勤、远程办公的时候。

大部分小微企业并不舍得在IT资产上投入大量的资金，尤其是初创公司，因此相对便宜甚至免费的SaaS产品可能会比较受欢迎。所以，移动办公产品要考虑小微企业节省费用的需求，一方面结合企业人员的规模制定合理的价格，另一方面提供可以为小微企业节省运营成本的服务。

　　小微企业一旦决定使用一款移动办公产品在组织架构的建立上会相对比较简单，管理者或者 IT 成员把邀请链接分享到企业的微信会话组中即可，或者只是邀请几个部门的负责人加入，然后由部门负责人分别去邀请自己部门的成员即可。每个加入的成员负责维护好自己的个人信息，部门负责人负责创建好自己的部门，一个简单的组织架构就可以快速建立起来。对于人员很少的小微企业可能都不需要建立很正式的组织架构，只要所有成员都加入团队即可。

　　考虑到小微企业的实际需求，首先在移动办公产品的安装配置上就不能复杂，应该要做到企业人人都可以自行入门，管理员做简单的配置就能全员使用。小微企业可能没有特别复杂的使用场景，主要还是帮助团队聚焦工作沟通，再加上一些免费、实用的服务场景基本上就能满足小微企业日常所需。

　　以金蝶云之家提供的移动办公产品为例，小微企业可以完成快速地移动化转型，除了提供符合工作场景的即时通信平台之外，还可以使用专业的企业邮件服务、企业云盘服务，让工作中的交流、文档传输更加方便安全。小微企业非常关注的通信费用在云之家中也可以解决，因为云之家提供了免费的电话服务，可以让小微企业像使用座机一样专业，包括召开多方的语音会议，这些都能在很大程度上帮助小微企业节省成本。

　　如果小微企业需要统计团队成员的签到考勤，原先需要购买专业的考勤机等设备，现在这笔钱也可以省下来，直接使用移动考勤即可。至于审批之类的流程工作也可以通过云之家提供的审批应用来解决，小微企业不用再额外购买庞大的 OA 或者 ERP 系统。

　　所以，我们可以看到小微企业使用移动办公的场景重在轻，全员可以快速使用，覆盖核心刚需场景，并且保证企业前期投入少，后期成本低。当企业逐渐壮大，需要更多更专业的服务时也可以轻松完成升级。对于提供移动办公产品的厂商也要注意一点，那就是因为小微企业决策使用一款移动办公产品相对简单，那么切换成本相对也会比较小，一旦觉得不符合企业要求可能就会直接切换到另一款。

5.2 中型企业

同小微企业的规模划分一样，中型企业的人员规模在 300~1 000 人，这也是需要根据行业和营业收入等条件来综合考虑。中型企业相比小微企业的人员规模上了一个层级，特别对于上千人的企业来说，这个时候移动办公产品在这样的企业中应用情况也会有比较大的变化。

中型企业如果需要全员使用一款移动办公产品首先就会面临推行困难的难题，对于上千人的企业自底向上自发使用某款 To B 的产品几乎不可能，所以更多时候需要自顶向下来要求整个企业的成员去使用，这就像是大家使用同一个企业邮箱，同一套 OA 软件一样。因此，采用哪款移动办公产品可能就会涉及有专门的成员或部门进行选型、对比考察、周边部门和领导的沟通汇报等程序，最终确定后还有全员推行、专人培训、维护等工作。

小微企业可能比较关注在 IT 上面的投入成本，以及员工使用带来的费用，但是在中型企业看来这笔费用并不是特别敏感，特别是 SaaS 服务的费用本身可能只会占据企业运营成本非常小的一部分。中型企业更看重一项产品的服务是不是真的能帮助企业，以及提升企业整体的运作效率，如果在这基础上还能让企业节省运营成本那肯定是更受欢迎。

小微企业中建立组织架构的方式会更"自助"一点，一个办公室的同事相互邀请一下就能都加入同一个团队中，但是对于数百上千人的中型企业这样的方式一是效率不高，二是可能会有准确性问题。所以一个比较好的方式是由 IT 管理员或者 HR 负责人统一将在职成员导入，导入的表格除了含有员工的相关信息之外，还包含其所在的部门信息，这样一旦完成导入整个企业的组织架构就同时成立。被导入的员工会收到短信通知，然后根据指引就可以进入团队并开始使用对应的移动办公产品。人员较多的企业里，成员流动性也会比较大，这个时候可能要有 HR 专员来负责日常的成员进出管理，也可以由部门负责人发起，HR 专员进行审核的方式。

中型企业全员采用移动办公产品，基础服务诸如即时通信、邮件、语音会议、免费电话、签到考勤、审批公告、企业云盘等，这些服务仍然可以发挥提升企业成员沟通协作效率的价值，同时作为中型企业还可以进行认证企业享受更多的专业服务。

所谓的专业服务是一种针对专门岗位的应用，比如针对销售岗位的 CRM 应用，针对人力资源岗位的 HR 应用，有些企业还有需要诸如市场、财务、客服等岗位的专属服务应用。除此之外，不少企业还有给员工提供各类专业职场服务的需求。

一般来说，中型企业采用一款 SaaS 服务会有比较强的付费意愿，因为他们期望获得更好的服务。因此作为移动办公产品的厂商为付费企业提供更好的服务也是理所当然的事情，如给予上门培训指导，增加更多的语音、电话分钟数、扩充企业网盘容量、优先的客服反馈渠道等。

我们可以看到中型企业对移动办公的需求相对于小微企业更上了一个层次，对专业岗位、专业服务的要求更高。他们不会像小微企业那样过于在意资金方面的投入，他们愿意付费获得更优质的服务，并特别关注产品对企业的帮助。

付费企业的切换成本相对于免费使用的小微企业就要大得多，因为本身整个决策过程已经比较烦琐和漫长，再加上全员的推行难度，如果没有重大问题，管理层很难决定整个过程再来一次。但是这并不代表移动办公产品的提供厂商可以高枕无忧，如果不能持续迭代优化形成口碑效应，也很难保证在来年会获得付费企业的续费。

5.3　大型企业

如果仅考虑人员规模，对于大部分行业来说大于 1 000 人基本上就可以归类到大型企业的范畴，但是有些行业，诸如餐饮、批发、零售等行业达到 300 人都可以算作大型企业，所以大型企业和中型企业有比较大的重合度。对于拥有几千甚至上万、十几万员工的企业来说就是属于超大型企业了。

大型企业和中型企业在决定使用一款移动办公产品一样，也是会非常慎重，而且整个考察采购的流程可能会非常长，有的甚至需要不同的厂商去竞标。道理很简单，因为一旦一个大型企业采用一款产品或一项服务再切换的成本会非常高，所以在前期需要进行层层审核评估才能最终决策。

大型企业在 IT 资源方面的投入意愿会很高，但是对于产品和服务的提供方要求也特别多，甚至会针对自己的企业提出个性化的定制需求。对于企业信息安全和电子资产保护要求非常高的大型企业可能还会进行私有云的部署，这样在资金和人力投入上会更高，对于产品和服务的提供方来说虽然可以获得不错的收入，但是也会需要有更多的额外投入。

大型企业或者比较有实力和规模的中型企业也有很强的研发能力，他们可以研发仅针对自己企业的应用，这些应用与自己企业的业务强相关，也只是开放给企业内员工或者特定岗位的员工使用。因此作为移动办公平台也要有接入这些企业自己开发的应用的能力，并且可以做到把对应的组织关系（如上下级、部门、职位等）开放给这些应用。

大型企业不是一朝一夕诞生的，可能是长达数十年慢慢成长的，所以企业内也会有各种系统，如果采用一款移动办公产品，那么这些原有的系统也会有对接的需求，这也对移动办公产品的架构和可扩展性提出了要求。同时，由于大型企业的各种业务协作特别多，所以对安全性、稳定性、服务响应速度也有很高的要求，因为一旦出现问题可能就会给企业带来非常大的损失。

有很多大型企业在全国各地甚至全世界都有分支机构或者办事处，人员上班地点也是非常分散，再加上各种外部的合作伙伴、外包人员，其实非常有必要通过一个线上平台把大家连接起来。大家虽然不在一起，但是"云上的办公室"也同样可以保证彼此的协作。

大型企业相对于中型企业和小微企业除了关注整个公司的运作效率之外，对企业文化的关注程度也很高，所以大型企业采用的移动办公产品不仅要有让员工协作提升工作效率的目的，还要有传播企业文化的作用。它也是企业员工相互交流提升的平台，它可以让整个组织扁平化，让有创造力、活跃度高、有影响力的员工充分展示自己。

正如前所述，大型企业在推行一款移动办公产品整个过程比较长、复杂、难度大，而且必须是自顶向下地推行。有的大型企业还比较传统，在移动化转型的意识上还不够，或者意愿不太强烈，公司整体上的推广会受阻，但是也可以考虑以某些部门或者部分团队这样的单位开始逐步移动化转型。对于一些人员规模较大的中型企业同样可以采取这样的形式。

5.4　个人使用

一般情况下，对于一个移动办公产品是不推荐个人使用的，因为它是一个团队协作的平台，如果只是个体使用能发挥的价值会比较有限。但是在我们团队设计和开发云之家这样的移动办公平台产品时也发现了的确存在这样的个体用户。所以一方面个体用户的价值不能被忽视，另一方面只有吸引了个体才有可能由个体发展成群体。

第一种，即最典型的个体用户是想了解移动办公产品的新用户，他们可能通过搜索或者广告等不同的途径或者某款移动办公产品，于是开始下载试用。但是这样的新用户在自己还没有搞清楚之前，还不知道一款产品的价值之前是不会轻易去创建一个团队然后邀请大量同事一起来使用的，因为这样的成本会比较高，被邀请人可能也搞不清楚状况。所以，对于这种试探性的新用户不一定要一开始就立即让其组建团队，可以让个人用户自行体验相关服务。

对于可以个人使用的服务，诸如文件、免费电话，以及一些第三方的职场服务都可以直接使用，但是也同步推荐一些需要团队成员一起使用的服务，比如审批、语音会议等。这样既可以让个体用户实际使用产品，也可以引导其创建组织架构邀请同事体验更多团队服务。

第二种个体用户是从上一个团队中退出但是还没有加入新团队的用户。比如某用户原属于甲公司团队，但是如果该用户离职则会自动脱离甲公司的团队成为个体用户。对于这样的个体用户一是要保证其在上一家公司中与自己相关的一些内容、工作履历和联系人能继续保留，二是他也可以继续使用针对个人的服务。也许该用户加入新的公司也使用相同的移动办公产品，那么他就可以直接加入新公司的团队中，完成无缝的切换。

第三种个体用户也非常常见，他们是处于工作联系的需要而独自使用一款移动办公产品。比如甲公司全员都使用某款移动办公产品作为内部协作平台，但是甲公司里的员工也需要跟外部的合作方联系，而外部的合作方所在的公司并不一定会使用，因此此时单个的外部合作方就是一个个体用户。比如甲公司需要开一个语音会议，但是也需要邀请某个外部合作方参加，此时这个外部合作方就会以个体用户的身份加入到会议中来，他自己本人其实并不属于甲公司组织架构中的成员。

例如，在金蝶云之家中一个企业的全员会以内部团队同事的身份，内部同事可以创建内部的会话组，但是也可以邀请公司外的合作方入群，这是原先的内部会话组就会自动变为一个外部会话组了，会有比较明显标志以示区别。合作方通过自己的使用，如果发现其价值也有可能创建自己的团队邀请更多的同事加入进来，也不排除在公司内推广的可能。

很多移动办公产品都会将自己定位于 To B 产品，所以会忽视个体用户的情况，通过上面的分析可以看出，即使是一款团队应用也存在多种个体用户使用的场景。企业内用户的流动性比较大，如果该企业应用了一款移动办公产品，但是每离职一个人，这个人就不能再使用，那用户就会不断流失。

第六章

移动办公产品设计策略

6.1 不同角色的需求千差万别

To B 产品和 To C 产品的不同

移动办公应用通常都是一个 To B 的产品，即它是为企业及其员工服务的产品，有别于 To C 型面向个人用户的产品。有一个很明显的特征就是如果一名员工觉得某一款 To B 的移动办公产品很适合公司全员使用，但是他不是老板，可能就非常难让所有的同事用起来，即使他可以自己用但是产品中的团队属性、针对企业的应用可能也无法体验。但是如果只是一款 To C 的社交软件，他自己觉得适合自己就马上可以注册使用了。

移动办公应用作为一款 To B 的产品，它所服务的角色类型会比较多，不同角色的需求也会差别较大。To C 的产品把用户当成"人"，本质上是满足人性。以微信为例，在产品设计上不会考虑你是位高权重的老板，还是初出茅庐刚参加工作的应届生；不会考虑你是公司的HR 还是 IT，你都是具有普通人性的人。人具有社会属性，需要及时方便地交流和分享，有懒惰、攀比、贪心等七情六欲，这些人性对大家都是平等的。如果仅是从人性的角度考虑，大家的需求存在很大程度上的一致性。

但是，移动办公应用这种 To B 的产品，除了要考虑人性之外，还要考虑工作场合中不同角色的需求。而这些不同角色的需求极有可能是互斥的，甚至是不相关的，那么同一款产品中如何有效满足不同角色的需求、平衡互斥的需求就尤为重要。

（1）企业中的不同角色划分

例如，公司老板他在使用一款平时用于工作的应用时他可能更关心的是公司的经营状况，企业中正在发生的重要事情，核心产品的开发销售情况，员工的动态，特别是优秀员工。还有企业文化，公司的氛围，员工的活力，等等。老板关注的点会更加宏观一些，当然他也会关注工作效率，只是没有那么突出，因为很多跟效率强相关的工作可能有秘书代为处理，而且其他员工也会在很大程度上迁就老板的时间。

中层管理者在工作中是一种"承上启下"的作用，一方面他们需要时常给高管或老板汇报工作，另一方面又需要管理自己的团队。作为"夹心层"的中层管理者更关注的是自己的上级在工作上的要求，需要快速反馈，同时又要关注自己团队所负责的产品、业务情况，遇到了哪些问题，有什么突破性的进展。最为重要的可能是对团队成员的管理，希望能清晰识别出自己团队中优秀的员工和低绩效的员工，对于团队的工作气氛、成员的工作劲头也特别关注。除此之外，中层管理者可能会涉及比较多的流程审批、会议，他自己很关注工作效率的同时，也会非常关注整个团队的工作效率。

基层员工相对于管理者数量基数大，同时在对待工作的心态上也会有区别。最常见有三类，第一类是积极贡献者，对待工作有很强的责任心，投入度高，有很强的时间管理和任务管理需求，并且和项目组其他成员能很好地配合，同时也很愿意分享自己的工作成果，能从工作中得到成就感，是团队中高绩效的成员。第二类是一般贡献者，这类员工相对于积极贡献者在工作主动性上表现得一般，但是也会按部就班地完成自己的工作，追求生活和工作的平衡，偶尔也会有不错的表现，大部分情况下还是把工作视为一种谋生手段，这类员工占有比较大的比例。第三类是低绩效者，属于被动工作，一般是由于个人能力、主观意愿等原因对当前工作有诸多不满，不能很好地完成工作，跟他人的配合度不高，态度比较消极。

（2）员工心态和岗位的不同

心态上的不同也会导致需求上的不同。作为基层员工中的积极贡献者他们追求工作的效率，希望各种辅助工作的应用或软件能极大提升自己的效率，让自己更加集中于高价值的工作，这群人本身就是一种被激活状态，他们更需要能展示自己的舞台。而作为一般贡献者，他们则不希望工作占用太多生活的时间，希望把工作和生活能比较好的分开，但是也同样希望工作用的应用和软件能提升工作效率或者简化工作难度。低绩效者可能对工作有本能的排斥，那么对工作中需要额外使用的应用或软件也会反感，可能会在很大程度上不去使用。

企业中某些特殊岗位角色会对工作中使用的应用或软件有额外的需求。比如 HR 的角色，他们除了作为普通员工的需求外，因为岗位的特殊性，他们可能还期望移动办公应用能更好地规范员工的考勤、发布公司的公告新闻以及活跃组织气氛等。而 IT 部门，他们则可能希望公司采用的移动办公应用可以稳定运行，出现问题能及时修复，在初始化阶段不复杂，同时还能跟公司已有的 ERP 等应用对接，在员工日常使用过程中还能保证信息安全等。再如在销售、市场部门，员工还希望能管理自己的客户、外部的联系人，节省外部沟通的费用，并且及时发现商机、管理客户动态等。

所以，我们不难看出，一款用于工作的应用不能仅仅把用户看作"人"，不能仅仅考虑"人性"。同样，也不是某一类人（如大学生、文艺青年、网购达人）。使用移动办公应用的人他们共同的特征是职场人，但是又具有不同的职级和岗位，对待工作又有不同的心态，那么在产品设计上就需要考虑到这些因素。

我们也可以发现，有些产品过于强调"管控"，即过度迎合管理者的需求。但是管理者在整个企业中毕竟是一个少数群体，这样就会导致更多的员工是被动使用，甚至会感觉被"盯梢"，时时处于被监控的状态，这会让大多数人的使用体验和满意度降低。如果让员工觉得被过度侵占生活时间，可能也会引起反感，毕竟不停地使用与工作相关的应用和用手机玩游戏、看新闻、刷朋友圈是完全不一样的感受。

也有的产品过分强调"平等""自由""分享"，这在工作场合同样不适用，因为工作中就是存在上下级的关系，过于平等也不利于工作的开展。还有工作中的分享和个人的分享也有很大不同，一个人的职场形象可能和他本人生活中的形象差别比较大，而分享的内容也会有明显区别。不仅如此，还要考虑企业、工作中的敏感信息，信息安全和保密也是很重要的需求。

可见，一款好的移动办公产品，不仅要考虑用户群体的特殊性，还要考虑企业的需求，以及特殊岗位的需求，最为重要的是要做好管理者和员工需求的平衡，这一切都不是一个简单的事情。

6.2　用户研究的必要性

（1）别被名人名言误导

苹果公司创始人乔布斯曾说过："人们不知道想要什么，直到你把它摆在他们面前。正因如此，苹果公司从不依靠市场研究。"

汽车大亨福特曾说过："如果我最初问消费者他们想要什么，他们会告诉我'要一匹更快的马'！"

微信之父张小龙曾说过："需求只来自你对用户的了解，不来自调研，不来自分析，也不来自讨论。"

上述三个"大神"级人物的名言似乎是在否定用户研究的必要性，以及在产品开发过程中的意义，言下之意就是设计和开发产品要靠自己的灵感，没有必要去做用户研究。这样的言论的确把不少创业者带入了一个误区，那就是做产品不需要关注用户，因为他们什么都不懂，我准备要做的产品用户根本想象不出来，等我把产品做出来并拿到他们面前时一定会让他们惊艳。这样的想法对不对呢？

关于名人名言首先不应该盲从，其次不能断章取义，最后还要看看他们是否真的言行一致。

2008 年 2 月，乔布斯答《财富》记者问时说："我们只是在搞明白我们自己需要什么。而且我认为，我们已经建立了一套良好的思维体系，以确保其他许多人都会需要这么个东西。"从这句话我们可以发现苹果搞明白了"我们自己需要什么"，其实这就是一种采取同理心，把自己当用户的一种用户研究方法。

而且实际情况也和乔布斯本人的说法有比较大的出入，就以苹果公司当初开发 iPhone 的过程来说，绝不是乔布斯带领一群设计师和工程师闭门造车的结果。笔者曾经看到一篇文章，说的就是苹果为了验证全触摸屏的体验及手机屏幕的大小，采取了大量的用户研究。苹果的研究人员采用了大大小小的纸片，上面有各种图标和按钮，用这些原型进行了很多用户测试和研究，并最终确定了手机屏幕的大小，以及手指操作屏幕时界面上的各种控件的高度和行间距大小等内容。很显然这样的用户体验，如果不靠用户测试，而是靠灵感是很难得出准确结论的。

乔布斯也曾经说过，3.5 英寸是手机的黄金尺寸，更大的屏幕愚蠢至极。这个观点可能只是来自他自己的主观感受，可是最终事实是怎么样的相信大家已经相当清楚，因为满大街的人都在用 5.5 英寸甚至更大屏幕的手机。

关于福特的那句话，很多人则是属于断章取义，其实完整的故事是这样的。

100 多年前，福特公司的创始人亨利·福特先生到处跑去问客户："您需要一个什么样的更好的交通工具？"几乎所有人的答案都是："我要一匹更快的马。"很多人听到这个答案，于是立马跑到马场去选马配种，以满足客户的需求。但是福特先生却没有立马去马场，而是接着往下问。

福特："你为什么需要一匹更快的马？"

客户："因为可以跑得更快！"

福特："你为什么需要跑得更快？"

客户："因为这样我就可以更早地到达目的地。"

福特："所以，你要一匹更快的马的真正用意是？"

客户："用更短的时间、更快地到达目的地！"

于是，福特并没有往马场跑去，而是选择了制造汽车去满足客户的需求。

这个故事的本身恰恰就是福特先生在进行用户研究，这种访谈式的用户研究让福特获得了一个重要的信息，那就是客户需要更快地到达目的地。对于有的人是选择提供更快的马给客户，觉得这样可以满足客户需求，而福特则是根据用户研究的结论去开发出汽车来满足用户需求。所以并不是福特不去做用户研究或者不关注用户想要什么，恰恰是他从用户研究的结果中发现了用户真正的需求，从而开发出真正符合用户期望的产品。

张小龙作为微信最大的产品经理，肯定结合自己的一些经验给微信团队提过很多改进优化的意见，但是这也不代表微信就会忽视用户研究。曾经有一篇文章《微信，是怎么过来的（2010～2015）》，作者是一名在早期就加入微信团队的研发人员，文中就说到了"微信的每一步，都是用户的需求导向，并非市场或运营导向"。

既然是以"用户需求为导向"，那么如何了解用户，如何定位用户需求呢？张小龙说"需求只来自你对用户的了解，不来自调研"。但是用户研究的方式多种多样，他所谓的调研应该是某种特定形式的用户研究，而微信绝不是什么用户研究都没有做。比如在早期，微信团队就非常关注不同功能带来的流量数据变化，这就是一种用户研究。诸如"将公众号信息合并""消息免打扰设置""群组置顶""小视频拍摄入口调整"，以及前不久刚刚推出的"仅向朋友展示最近半年的朋友圈"，这一系列小调整相信都是用户反馈给微信的，而不是都来自张小龙的突发奇想。

在微信应用里就有三个入口用于收集用户反馈意见，一是在"设置"中的"帮助与反馈"里有个"意见反馈"，可以用于反馈各种使用问题或是遇到的异常情况；二是在"关于微信"中的"投诉"一栏中就有很明确的"功能使用意见或建议反馈"；三是在消息列表界面的"微信团队"中也同样可以进行"意见反馈"（见下图）。微信提供了这三个用于收集用户意见的入口并非形同虚设，而是真正地在收集用户意见，这就是一种用户研究。而且随着微信用户的增多，很多用户的同事、商务联系人都成了微信好友，但是大家都非常反感用微信讨论工作，于是微信推出了企业微信，专门用于讨论工作，相信这也极可能是用户研究的结果。

第六章
移动办公产品设计策略

  在张小龙之上，微信所在的腾讯公司还有一个更大的产品经理马化腾，而他则经常把自己当成小白用户亲自试用各种产品和新功能，这就有点像苹果研究"自己需要什么"一样。他也提出了一个很著名的"用户体验的 10/100/1000 法则"，即"产品经理每个月必须做 10 个用户调查，关注 100 个用户博客，收集反馈 1 000 个用户体验"。请问，这不是用户研究又是什么？腾讯有很多优秀的产品，并且有着很好的用户体验，这和产品团队对用户研究的重视肯定有很大关系。马化腾就明确表示，在研究用户需求上没有什么捷径可以走，不要以为自己可以想当然地猜测用户习惯。

  如果你了解了上面的种种背景信息，相信你就不会盲从名人名言，而很多人之所以会盲从，一方面是对实际情况知之甚少，另一方面只看到了他们成功的一面。因为他们的产品成功了，所以他们说的话就是金玉良言。

（2）产品成功的背后原因

一个产品的成功取决于多个因素，其实苹果公司也不是推出的每一款产品都受到了市场的追捧和消费者的认可，很多产品同样遭遇滑铁卢。iPhone 的成功不是简单地归结于乔布斯的灵感，而是很大程度上依赖于当时的触屏技术的应用、移动互联网的发展，以及苹果产品多年设计开发经验的积累。

微信的成功也不是偶然，并不是张小龙的灵光一闪，其实源自对一个叫 kik messenger 应用的复制。当时有很多类似微信的产品，诸如国内的米聊、飞信，国外的 Line、Whatsapp。如果微信没有当时庞大的 QQ 好友关系的导入快速形成社交网络关系，如果没有智能手机的流行和移动互联网的发展，很难说微信就能成功。

而福特并不是最先发明汽车的人，虽然对汽车发明者存在一定的争议，但是目前比较公认的汽车发明人是德国人卡尔·佛里特立奇·奔驰。福特之所以能在当时成为汽车大亨源自于他改良了汽车生产线，可以以更快的速度和更低的价格生产汽车，从而使得汽车成为一款大众产品。这有点像中国的雷军做的小米公司，把智能手机以更高配置更低价格推向了市场。

（3）用户研究的阶段和方式

所以，不是说事先采取了用户研究就一定能成功，同样的，不采取用户研究也不一定就会失败。用户研究是一个过程，并不是结果。用户研究的方式有很多，针对不同的形态的产品，针对不同的研发阶段，针对不同的样本量和成本，针对不同的调研时间要求以及调研设备都有对应的用户研究方式。有的人自认为自己的产品获得了成功源自于自己的灵感，殊不知可能产品团队早就或多或少的开展了一些用户研究工作；有的人觉得用户研究没有作用，或者对用户研究的结果不信任，很有可能没有找对正确的方法。

比如，有的产品都还没有开发出来，处于概念设计阶段，如前面说的 iPhone、汽车，那么这个时候通过一般的访谈式用户研究的确很难得出要开发一个 iPhone、一辆汽车这样的结论来，因为用户在以往的经验中根本就没有类似的概念。这个时候用户研究其实是要看用户的期望、日常行为、消费习惯等方面，以此来确定产品的方向和要满足的需求。

当产品有了原型的时候，此时的用户研究就变成了原型测试，通过原型测试来发现设计中的问题，收集用户的主观感受和操作体验，进而及时改进设计，以避免不必要的开发工作，甚至优化整个产品方向。对于有多个设计方案的产品也可以做原型测试，从而聚焦一个设计方向。

当产品上线后就可以采取可用性测试，给参与调研的用户设置一定的操作任务，观察用户在使用过程中出现的问题。还可以开展焦点小组，让不同的用户在一起相互讨论，彼此激发使用体验，并发现不同用户出现的共同问题。

有的产品还可以采取实地调研的方式，即直接到用户真实的使用场景中去观看用户的操作情况。有不少人觉得在用户真实使用产品的环境中最能发现问题，其实这个不一定，因为有的产品用户使用过程中是不便于观察的，如果有人观察用户反而可能会掩饰一些真实的操作，从而得不到有用的信息。所以有些互联网产品可能采取程序中"打点"的方式，即通过程序代码记录用户操作的轨迹、频率、时间等信息，以此来判断用户对某个功能的偏好程度或者操作中断情况。

如果你的产品有很重要的竞争对手，那么又可以开展竞品对比测试，给同一个调研用户设置相同的操作任务，然后要求其在不同的产品上完成，以此得出对比结果，发现不同产品之间的差距。

产品运行一段时间后还可以进行满意度调研，通过在线收集问卷的形式让用户进行打分或者回答开放式的问题，以此获得用户集中的意见，并作为后续产品迭代的参考。

用户研究的方法还有很多，还有诸如使用眼动仪这样的设备，这里不再详细展开，你需要知道的是产品开发所有的阶段都可以进行用户研究的工作。有时候在时间紧迫的情况下，调查一下周边的同事、前台、保安、食堂的阿姨、家里的亲戚朋友都是一种可以快速得到改进意见的用户调研。

（4）用户研究的目的

用户研究的目的是为了以用户为中心的设计，但是绝对不是"用户至上"。不相信用户研究是一个极端，但是把用户研究的结果作为"圣旨"又是另一个极端。经常有企业把"用户至上""顾客就是上帝"这样的口号挂在嘴边，这种尊重用户的心态没有错，但是用户研究的结果却不能这样用，需要根据用户研究的结果来分析出用户真实的需求并给出更好的解决方案才是重点。因为用户经常会对产品提出意见，这个意见可能就是一个他自以为可以解决问题的方案，但是用户的视角有限，如果盲目按照用户提出的解决方案来优化产品很可能就把产品引入歧途。

比如，移动办公产品云之家中就有个移动签到的功能，可以让用户在手机上就完成签到考勤。有一家客户就让自己公司的全体员工使用，但是以前这家员工都是在上下班时用工卡去考勤机前打卡，而现在突然全部用手机签到，虽然变得很方便，但是由于改变了习惯，很多人都忘记了签到。所以一到月底就有不少员工需要进行考勤异常的处理，员工、主管、HR 都带来了很多信息核实、处理流程的工作量。于是，他们负责考勤的领导就给我们产品团队提出意见，说是原签到提示音非常不明显，和普通的消息提示类似，员工注意不到，建议改为响亮的"签到啦"人声提醒。

仅从这个用户的反馈来看，他自以为提出的解决方案能解决他们公司遇到的问题，对于我们来说修改起来的确也不难，但是如果细想一下按照他的意见修改就真的解决了问题并且不会带来其他问题吗？很显然，采用人声提醒的方式会带来很多体验上的问题，比如员工还在开会、在安静的办公室里聚精会神地工作，这个时候所有人的手机突然响起"签到啦"的声音肯定会打扰到正常工作；如果员工还在公共场所、地铁或公交上，这个时候也突然响起来"签到啦"的提醒也会让人十分尴尬。如果是用人声，那么用男声还是女声，是用郭德纲的声音还是林志玲的声音，这个又势必加大不同用户的个人好恶。而且有的人手机长期设置震动或静音，就算将签到提醒设置为人声提醒还是可能会错过。

其实有更为智能的解决方案，比如当员工到达公司附近，连上了公司 Wi-Fi，如果员工没有主动签到，我们会给他自动签到，当员工离开公司时如果忘记了签到，我们也可以根据他最后一次连接公司 Wi-Fi 使用产品的时间为他补签，包括在他还在公司的时候，如果到了下班时间我们也会给他先自动签到。很显然，通过技术的手段，通过对用户地理位置、连接 Wi-Fi 的情况以及使用产品的情况来智能的帮助用户签到会比直接用人声这种强提醒方式更友好。

通过上面的例子我们可以看出，用户提出的意见不能不深入分析就直接应用于产品，很多用户考虑的只是"当下"和"自己"，可能并没有全局观。但是这也不是说用户提出的意见就不重要了，通过用户研究收集到的结果是指导我们开发产品，给出更好解决方案的素材。

综上所述，用户研究并非像乔布斯、福特、张小龙等说的那样一无是处，他们更多指的是在产品的概念阶段，无法通过用户研究直接得出要做什么具体产品的结论。但是正如前面分析的那样，用户研究的形式多样，渗透于产品不同的阶段，那些自以为没有进行用户研究的产品其实已经做了很多用户研究。我们有理由相信，合适的用户研究形式，正确的阶段方法，以及对结果的深入分析都会在很大程度上帮助产品成功。移动办公产品也要遵循以用户为中心的设计原则，对不同的角色，在不同的阶段开展用户研究。

6.3　产品定位的几大方向

一款移动办公产品都会有一个比较明确的定位，定位会决定设计策略，并且决定产品适合的组织和人群。市面上很多移动办公产品还不够了解移动办公的场景，造成定位不清晰，在市场上就形成不了竞争力，用户的忠诚度也会降低。经过对市面上已有的移动办公产品进行分析和归纳，通常涉及七个主要的定位方向，有的产品会同时涉及多个方向。

方向一：沟通协作。

这个定位方向主要给工作相关的人建立一个随时可以讨论工作的环境，讨论的形式通常是消息、语音留言、音频电话、视频电话、会议等。作为一名职场人，工作中的沟通非常频繁，除了有项目组成员之间的问题讨论，还有上下级之间的工作汇报，还会涉及跟外部合作方的交流。现代人也是处于一个频繁移动的状态，有的人在办公室，有的人外出公干，有的人出差，还有的人在家办公，有的公司本身就是多个办事处分散在各地，那么成员之间的高效沟通就是一个需要解决的问题。

　　沟通的形式也会有多种多样，有一对一的沟通，有群组之间的沟通，有需要即时反馈的沟通，有可以滞后回复的沟通。对于不同的对象，不同的事件，不同的时间需要采取的沟通形式和紧急程度也会不一样。因此，如果能很好地解决工作中的沟通问题肯定有助于移动办公的开展。聚焦于沟通协作方向的产品有企业微信、金蝶云之家，国外的 Slack 等。有些比较大的公司，比如华为就自己专门开发了用于内部成员使用的沟通应用 eSpace，可以方便地进行内外部的交流和组织会议。

　　方向二：项目管理。

　　项目管理本质上也是属于团队内的沟通协作，与方向一说的沟通协作相比，项目管理这个定位方向更加聚焦。首先是涉及的人员属性，通常都是属于同一个项目组的成员；其次是沟通的内容主要是项目相关计划、进展、结果、跟踪等。换言之，项目管理侧重于协调大家对同一个项目任务负责，明确每个人的分工和交付时间，并最终保证项目的完成，也就是聚焦在"事"上。在这基础上还会涉及日程、待办这样的基础功能，用于提醒成员待完成的事项。

　　但是，如果一个项目的工作涉及很多角色和分工，那么仅仅依靠对"事"的管理可能还不够，成员之间必然有定期和不定期、正式和非正式的交流确认。所以项目管理这个方向本身可能还要依靠一些沟通软件来弥补项目组成员沟通的需求。有些团队内部已经有了很完善的项目管理系统，但是还需要用微信、QQ 之类的软件讨论工作也不足为奇了。在项目管理这个方向上做得比较好的移动办公产品是 Teambition，正如前所述，仅仅关注"事"还是不够的，所以 Teambition 也将自己集成在金蝶云之家这种提供了丰富沟通形式的平台上。

方向三：流程处理。

在平时工作中有大量的流程需要处理，越是正规的公司流程就越多，越是庞大的公司流程就越复杂。那么简化公司的流程，让流程处理起来更简单高效也是移动办公产品的一个重要定位方向。一个流程涉及发起和结束，以及中间各个需要处理的节点，每个节点需要一个或多个人进行处理，所以它本质上也是一种协作。

比如，一个很常见的报销流程，报销人要报销时，那么他就要填写一个报销单据，单据中需要包含报销的栏目、费用、发票等一些必要的内容。然后这个单据会走到直接主管、部门经理等环节等待审批，审批人则要检查报销的合理性给予审批意见或者驳回。之后还要走到财务环节，有财务审核报销单据、发票信息等，准确无误再走到出纳进行付款给报销人。应该说这是一个极其简单的描述，在实际运行过程中要复杂得多。首先报销的单据可能就非常复杂，有各种栏目和子项，不同费用的报销采用的单据会不同；有的费用有预算，有的费用是例行报销，有的费用是例外情况，有的报销费用不符合报销人的额度；有的发票是实体的，有的发票是电子的，甚至发票丢失或是没有发票、假发票；有的费用需要抵扣备用金或预借款，有的费用涉及转账或发现金。诸如此类，一个流程在企业内部可能非常复杂，有特别多的情况需要考虑，如果对企业流程不了解就很难做出适合企业需求的流程。

在流程处理定位方向上做得比较好的厂商有蓝凌、泛微、金蝶这些传统的 OA 厂商，因为他们对企业服务有着比较深刻的理解。一般的创业团队，或者一直做 To C 产品的厂商则很难深耕这一方向。

方向四：同步共享。

既然是移动办公，那就意味着工作场所可能有多个，用于工作的设备可能也是多个，为了使工作不中断保持延续就会涉及同步或者共享。举个例子来说明，我早上在公司用台式计算机编辑了一份PPT，下午要出差去外地，那么在机场、飞机上以及到酒店需要继续编辑PPT，完成之后还要发送给团队成员。这样一个简单的场景其实就涉及不同的设备编辑相同的文件，以及分享给不同的人员。

类似的场景其实利用现有的邮件、U盘等手段也可以完成，但是可能存在不方便的情况，比如，如果文件比较大可能不适合用邮件，可能涉及机密文件无法用 U 盘直接复制，分享的对象可能也会有限制。因此，定位于同步共享方向的移动办公产品就是要解决工作场景下的文件在不同设备间流动的问题。

同步共享还可能会涉及计算机屏幕、手机屏幕的同步或共享，甚至是跟智能电视、机顶盒之间的同步或共享。所以，看似简单的场景也是有一定的技术门槛，因为将会涉及不同的硬件。金蝶云之家就通过与WPS合作实现了电话会议时屏幕共享，通过与CVTouch合作实现了手机屏幕的投影，自带的企业云盘更是让文档同步和共享更加便捷。

方向五：专业岗位。

定位于专业岗位方向的移动办公产品主要服务于某些特定的岗位，让这些岗位能够更高效地开展工作。前面提到的不同定位方向，诸如解决团队沟通、项目管理、流程处理、同步共享问题的，本质上都是满足通用工作的移动办公场景，而专业服务则是侧重于辅助完成具体某个岗位的工作。

比如，用于给销售岗位使用的CRM产品，可以帮助该岗位进行销售过程管理、客户管理等，它能让销售员更好地发现商机、制订客户拜访计划、签订合同等一系列工作。例如，国内的CRM产品纷享销客和销售易就是提供了这样的服务。还有诸如给人力资源岗位使用的人员招聘产品，可以帮助该岗位进行简历收集、面试邀请、招聘简章发布等，它能让 HR 更有效率地完成招聘相关的工作。例如 Boss 直聘、招才猫都为企业的 HR 提供了很好的招聘工作服务。在金蝶云之家也有自己的云之家 CRM 系统，还专门为市场营销人员提供了诸如快营销、活动管家这样的应用，方便市场人员组织市场活动和拓展业务，而云会计则是针对会计岗位的应用。

我们可以看到，定位于专业服务方向的移动办公产品主要适用于特定的岗位，并不是全员使用，因此存在一定的局限性，它们需要与平台型的移动办公产品结合起来才能发挥更大的价值。

方向六：职场社交。

定位于职场社交方向的产品严格来说与职场有关，但是与办公关系不大，因此与移动办公的相关性也不大，它更像是个人对自己职场关系、履历的一种管理，帮助自己更好地求职、建立职场影响力、了解相关行业及个人职场通用技能的提升等。比如，当前比较流行的职场社交产品是 LinkedIn 和脉脉，但是这两个产品需要面对的问题是用户在产品上面建立的社交关系是一种弱关系，很难达到一种频繁交流的目的。因此，国内大部分用户的职场社交关系可能是存在于微信中。

职场社交也作为移动办公的一个方向其实是考虑到职场社交的两个维度，像 LinkedIn 和脉脉这种还是一种 To C 的职场社交，这是一个维度，但是也有企业内部的职场社交，这又是一个维度。在移动办公的本质里也提到了移动办公的本质是沟通，特别是团队内的交流，而交流又分直接交流和间接交流（见附录文章），团队成员之间的互动、分享，促进团队和谐、专业知识交流这些也是有助于移动办公的开展。比如，在金蝶云之家产品中就提供了"同事圈"这种内部职场社交的平台，给大家提供了这种在企业内互动、分享、提升的社交特性。

方向七：企业服务。

最后一类定位方向称为企业服务，不同于 To C 的个人服务，是专门 To B 的企业级服务。企业服务的面比较广，因此这类产品可能聚焦某一类的企业服务，如企业差旅服务、用车服务、培训服务、员工理财贷款金融服务、客服、报销发票、薪资保险、快递服务、办公用品采购，等等。

可能不是所有的企业服务都可以认为是办公，但是正如前面所说工作有不同的维度，有的是通用类的工作，有的是流程类的工作，并不完全都是具体的岗位工作。上面的差旅服务可能就涉及出差申请、酒店预订及后续的报销，这个就可以看作是一种流程性的工作，它也是工作的一部分。而客服、薪资、办公用品采购等又是针对特定的岗位，如客服、财务、HR、行政等。

定位于企业服务方向的产品通常适合解决企业运营过程中的独立场景，与定位专业岗位方向的产品也有类似之处，也存在不是全员使用的局限性，同样适合与平台型的移动办公产品结合。而事实上这些定位于企业服务的产品也的确是这样做的，比如在金蝶云之家平台上就集成了针对企业差旅服务的携程、针对客服的逸创云客服、针对财务的 U 薪资等大量适合企业服务的应用。

综上所述，移动办公产品定位的七大方向基本上可以涵盖工作中的不同场景及面向企业的服务。一款好的移动办公产品要么将某个场景做透，形成门槛和独特的竞争力，要么覆盖尽可能多的工作场景，搭建平台，提供基础服务的同时引入大量的合作方，共同打造生态体系。

6.4　用户体验的层级

（1）从设计角度看用户体验的层级

比较经典的用户体验层级划分如下图所示，由下至上分为战略层、范围层、结构层、框架层和表现层，每一层级都包含对应的用户体验设计。下图是以网站设计为例做说明，如要做一个网站，首先要在战略层定义网站的目标及用户需求，如是做一个招聘网站还是一个电商网站。如果是电商网站是卖什么类型的产品，不同的战略会影响网站的用户需求。其次是进行范围层的定义，假如在战略层是确定要做一个电商网站，那么这一层就是要考虑这个电商网站的功能，有没有商品推荐，账户可不可以用第三方，支付方式接入哪几种，等等。

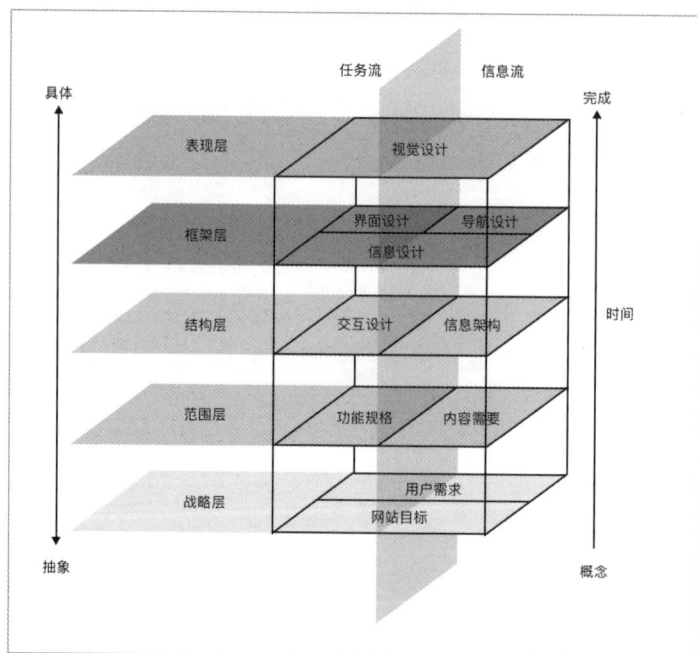

范围层确定后就可以进行结构层和框架层的设计，这两个层级的设计工作在实际进行中会有一定的重合，主要是确定网站的载体，比如是在 PC 上用鼠标操作，是触屏手机上用手指点按操作，还是在电视上用遥控器操作等，这些都会影响到用户的交互形式和体验。网站各个模块的划分、布局，操作的流程、界面的跳转等也在这两个层级确定。

最后是表现层，主要是指视觉设计，即在框架层的基础上对界面进行视觉上的美化，包括整体上的视觉风格、色系字体的选用，到图标、动效的设计等。目标就是让网站的视觉呈现符合目标用户的定位，美观的同时满足视觉指引。

一般来说，战略层和范围层的设计主要是产品经理主导，结构层和框架层通常是由交互设计师来完成，对于一些分工不是很细的团队，这两个层级的设计可能也由产品经理完成。表现层会有视觉设计师或美工完成。所以，不难看出，这个图所表达的用户体验的层级更像是一个产品设计的指引，更多是从产品规划和设计者的角度出发，但是对用户真实的体验感受描述得还不够。

（2）从用户角度看用户体验的层级

对用户来说，对于一个产品或者服务的体验感受大致可以粗略地分为三层，分别是基础体验、舒适愉悦和超越期望。

基础体验即基本可用性，它需要保证产品的功能和服务要能被正常使用，如果频繁出错中断，重要功能缺失，不可使用，或者使用过程中有很严重的体验问题，这些都可以归为基础体验不达标，换言之，就是产品或服务还不成熟，不可用。以滴滴出行为例，用户的基础体验就是通过打车软件能够顺利打到车，司机在约定时间到达并将用户安全送至目的地，整个过程等候时间短，价格合理。如果这些要求达不到，可以认为是基础体验不过关。

舒适愉悦是给用户一种好的主观感受，比如产品的设计美观，操作流畅简单，不需要复杂的认知学习，使用的过程有愉悦感；再如，一项服务很周到，让人感受到贴心，这些都是比基础体验更高一个层次的用户体验，即达到了舒适愉悦的级别。以滴滴打车为例，用户打车时安排的是距离最近的车辆，上车后会根据路况计算最优路径，司机懂礼貌，车内环境整洁，车辆行驶平稳，有优惠券使车费很优惠，等等，这些体验就是可以让用户在使用产品和享受服务时感到舒适愉悦。

超越期望的用户体验，顾名思义就是超过了用户对一个产品或服务的预期，用户会发自内心地说"原来还可以这样！"一般来说，任何产品或服务能达到舒适愉悦的层级已经就是一款不错的产品或服务，如果能做到超越期望，一定是一款比较出色的产品或服务。还是以滴滴打车为例，在最开始上线时推出的专车服务就很让人"惊艳"，比如司机穿着整洁的西装，主动下车帮用户开车门，车内配有饮用水、充电线、纸巾，这都是超越了打车本身之外的服务，会让用户有惊喜感。

（3）移动办公产品的用户体验层级

对于移动办公产品来说，用户体验也同样存在上面的三个层级。

基础体验强调"稳准快"。稳，即产品的稳定性，不能出现错误、崩溃等现象，包括不能有耗电、占内存等情况；准，即产品的准确性，搜索结果的准确，各种功能能准确满足实际需求，设计准确达意等；快，即产品的流畅性，使用过程不卡顿，消息通知推送不延迟，传输速度快等。一般来说，基础体验用户是无特别感知的，他们会认为这是理所当然的，但是一旦出现上述问题就会导致用户直接不可用，甚至弃用产品。

比如，工作场合都讲究速度和效率，如果传一个文件要半天，签到总是定位不准，收到的消息延迟明显，经常性地出现错误和退出，这些都可以理解为基础体验不过关，这样的问题一出现就会让用户十分反感并产生投诉。

舒适愉悦则是表达一种"用户黏性"，愿意高频、长时间地使用。不少人对工作中使用的软件会有一种本能的排斥，特别是用于非岗位工作的软件，如果需要非常复杂的配置、初始化麻烦，肯定很难产生用户黏性。如果要达到舒适愉悦的用户体验，应该让用户感到无压力、轻松、安全和不复杂，因为与工作相关，那么适当的成就感刺激也是增加愉悦感的途径。

比如，工作场合每个人都有自己的工作，也有自己的计划安排，同时希望能在一定时间内更为聚焦的工作，但是如果一直受到别人的打扰，或者不停地有消息推送难免会产生厌恶情绪，更不会有愉悦感。有的产品甚至提倡"盯"人，这只是从发送者的角度出发，却完全没有考虑接受方的感受。工作场合使用的应用安全性就特别重要，在个人社交软件上可能可以"口无遮拦"，但是如果是工作环境，那么很可能就"祸从口出"了，错发了一个消息，传错了一个文件都会带来很大的影响。所以移动办公产品让人觉得安全是舒适愉悦体验一个重要的支撑维度。

超越期望需要超越用户的心理预期或想象力，一般产品很难达到这个层级，但是这应该是产品设计和开发者应该追求的目标。如果一个产品真正做到了超越期望，那么用户不仅会主动地分享，还会积极给身边的人推荐，形成很好的自动传播效应。

在工作场合中，如果一个软件和应用能让使用者超越期望，那至少要给使用者在工作场景中带来前所未有的便利，不仅仅帮助用户在工作中省时省力，更要让用户感受到真正的赞叹。例如，金蝶云之家就与一家专门做会议电视的硬件厂商 CVTouch 合作，采用该会议电视开会可以轻松将笔记本电脑或是手机的屏幕无线投屏到会议电视的大屏幕上，同时可以在大屏幕上进行标记、写板书，之后可以直接将屏幕截图传送至云之家消息组中，整个过程一气呵成，区别于以往传统的会议室投影。

移动办公产品的用户体验至关重要，因为这样一个产品的使用很可能是公司或是团队自上而下的一个要求，不是一个普通员工自发的使用。如果在用户体验上基础体验不过关，用户即使被强制使用也会充满怨言，不会有活跃度，只有达到舒适愉悦的层级，甚至超越预期的层级才会让用户主动去使用，从而真正做到改变他们的工作方式。

6.5 产品设计的点线面体

（1）产品设计的"点"

在 6.4 节中已经介绍了用户体验分为三个层级，分别是基础体验、舒适愉悦和超越预期，这是从用户的角度出发对产品的一种感受。那么，如果从产品的设计及开发者的角度应该遵循什么样的法则去打造一款超越用户预期的产品呢？下面就以移动办公产品的一些场景为例谈一谈产品设计的点线面体。

有一本书叫《从 0 到 1》，是由硅谷的天使投资人、PayPal 公司创始人彼得·蒂尔（Peter Thiel）所著。书中就提到了这样一个观点，我们期待的未来是进步的，进步可以呈现两种形式。第一，水平进步，也称广泛进步，意思是照搬已取得成就的经验一直按从 1 跨越到 N。

水平进步很容易想象，因为我们已经知道了它是什么样。第二，垂直进步，也称深入进步，意思是要探索新的道路，即从 0 到 1 的进步。垂直进步较难想象，人们需要尝试从未做过的事。书中还举了这样一个例子，如果你根据一台打字机造出了 100 台打字机，那就是水平进步，而如果你有一台打字机，又造出了一台文字处理器，那你就取得了垂直进步。

其实，对于大部分产品设计和开发者来说很少经历过从 0 到 1 的阶段，从无到有的过程用我们中国人常说的就是"万事开头难"。当我们进入一个新的公司，加入一个新的团队时你很难有机会真正参与一个从 0 开始的项目，你会发现产品已经在那里，产品对应的用户已经在那里，就是已经有了"1"，而你的工作就是继续优化现有的产品，你的作用可能是为"1"后面不断地加上 N 个"0"。因此，很多时候，我们对产品的贡献或许是一个个彼此割裂的点。

不少产品经理或者设计师对已有产品优化的方式就是通过各种渠道收集反馈，将各种内外部的反馈整理成需要优化的需求点，每隔一定周期就迭代一个版本，每个版本解决若干需求点。这样的模式也能在一定程度上不断推动产品演化，所以这些"点"对产品体验的提升也是有作用，只是没有体系化，用户有时候可能都不会发现。

在移动办公的诸多场景中语音会议是个非常重要的部分，之前与产品经理和设计师在讨论如何提升语音会议这个产品的体验，他们提到的点主要集中在提升语音质量，增加更多接入方式，更明显的会议提醒，会议过程中的控制，等等。其实还是聚焦于语音会议本身，虽然语音会议的核心领域有很多可以提升的地方，提升这些点也的确可以带来体验的改善，但是总会有个极限。对于语音质量来说，假如团队把语音质量提升到人耳无法再区分的优秀音质后，还要怎么提升呢？这就像手机屏幕分辨率一样，提升到人眼已经无法识别的精度后，再做非常大的投入，收效也不会明显。

（2）产品设计的"线"

语音会议如果单从产品本身来看其实在体验方面的提升比较有限，而且也很容易被诸如 Skype、QQ 电话、微信语音聊天替代。所以语音会议体验上的提升要提高到会议的高度，把语音会议只看成其中的一个环节。如果从会议的角度来考虑，那么就可以将体验过程分为三个阶段，即会议前、会议中和会议后。产品在做设计时也可以分别针对会议这三个阶段来做完整的场景考虑，这就是将"点"拓展到"线"。

会议前这个阶段就涉及会议资源的预定、与会人员时间的协调、会议通知的发送、会议接入方式的确认，可能还会涉及会议室的准备、督促与会人员按时与会等。这个阶段，有些事情的确只能靠人来完成，其中也不乏很多痛点，单是重要与会人员时间的协调也许就十分麻烦。

所以一个好的会议预定系统，首先要能与公司的会议资源预订系统关联起来，比如它可以直接选择会议室、选择时间段、预定投影仪、会议终端，甚至是音响、话筒等。如果是小公司没有会议资源预定系统，那么管理员也可以在后台做一些简单的会议室配置，这样不同的人预订会议时可以很容易看见哪些会议室被占用。

除了会议资源的预订，还可以比较方便地选择与会人员，如果能与公司员工的组织架构、团队日历、考勤系统关联起来就更为方便。这样就可以很容易看出选择的会议时间段有没有时间上的冲突，如果与重要与会者的日程安排上有冲突，马上可以给出推荐的时间。

很多会议还会有一些背景材料需要与会者提前阅读，那么这个会议预订系统也要方便地关联文件系统、网盘等，可以将相关会议材料附上。

预订完成后也可以一键发送出会议通知，与会人员可以接收到会议通知的邮件或者移动办公系统中的推送消息。大家都能清楚地看到会议时间、地点、其他与会人、接入方式，等等。在会议开始前 15 分钟再次与会提醒。如果是语音会议接入的与会者，也可以在会议通知中一键接入语音会议。

可以看得出来仅仅是会议前这个阶段就有很多事情要处理，如果只是聚焦于语音会议本身，结果会议的组织预订却让人头痛无比，那么在体验上也是不完整的。

会议一旦开始，就属于会议中阶段。在这个阶段首先要考虑的是会议形式，如果考虑到要结合语音会议，简单来说至少有三种会议形式。

第一种是会议所有的与会者都不在同一个地方，即大家都是语音会议接入。这种场景下不同的与会者可能都是用手机接入，所处的环境可能是在任意地点，可能在办公室，可能在家里，可能在车上，可能在户外，可能在走路，可能网络信号不好。这个时候要考虑就是如何做到背景音的去除，如何在网络不好的情况下转换到普通电话，有人掉线了要如何提醒其他人等。

第二种是一部分人在会议室，另外有人在其他地方以手机上的语音会议接入。显然在这种场景下同一个会议室的与会者不可能都用自己的电话接入会议，这时就需要一个公共的会议终端来接入，这样在场的人才能听清楚。这个时候可能还需要展示会议材料，那么还有投影仪、计算机的连接等情况需要考虑。

第三种是一部分人在一个会议室，另一部分人在外地另外一个会议室。这种场景下肯定是两个会议室都是以公共的会议终端来接入。如果这个时候有会议材料需要讲解，那么就要考虑两个会议室的屏幕共享和同步。

我们可以看到，不同的会议场景在需求上也是有差别的，产品设计也要考虑到不同会议场景下的诉求，否则一旦遇到不能覆盖的场景，那么体验就会大打折扣。

会议过程中还会涉及会议控制，比如把临时的与会者呼入进来，将某个与会者静音，手机接入时还要防止有私人电话呼入。会议中还会遇到诸如投票的环节，那是不是可以利用语音会议给大家发送投票和统计呢？这也是可以考虑的。如果之前的会议通知里在本次会议中有多个议题，每个议题都有时间，那么在超时的情况下还可以提醒，防止讨论过于发散影响会议效率。

有的会议室的投影是一个智能电视或机顶盒，那么语音会议系统是否能快速搜索到并连接起来然后播放文件？对于用手机接入的与会者是否也能在手机上看到材料的播放？这些材料是否可以很方便地从消息会话组、文件库、网盘、之前的会议通知中打开？

可以看出，会议中环节如果仅仅考虑通话音质也是不够的，有很多场景可以提升会议的体验。

会议结束后也是有很多地方需要考虑，这个阶段就是会议后。首先可能就是会议纪要的输出，会议纪要通常需要某个与会者手工记录一些内容，但是可以从会议通知中生成一个模板。这个模板包含会议的时间地点、与会人、会议议题、背景材料等，这些信息都是现成的。同时，如果会议过程中有投票和其他展示材料都可以附带上，这个本身就是在会议过程中产生的，完全没有必要让做会议纪要的人到处去统计和寻找。

会议过程中可能还会产生一些工作任务，那么录入的会议纪要内容是否可以方便地生成一个工作任务并分配给指定的人？当下次有相关的会议时，这些需要跟踪的任务是否又可以被很方便地调出来供与会者查看？

通过会议通知生成的会议纪要模板，只需填入一些手动录入的信息，然后一键发送给与会者。不仅有会议上的共享文件，投票记录，还有工作任务的分配，这样的会议纪要肯定比普通的文字记录要专业有效得多。

（3）产品设计的"面"

根据上面的分析，我们可以把产品的设计思路进行"升维"，从"点"拓展到"线"，而在"线"的维度上又会很自然地拓展到"面"。所以我们在做产品设计和规划时如果仅仅聚焦于产品本身，那么在体验上的提升是有限的，必须要考虑产品被使用的完整场景。要有横向和纵向的思考，横向，即可以打通周边的资源或模块（如语音会议与会议预订、会议通知、组织架构、文件网盘的打通），纵向则是对一个场景的深度分析（如语音会议的三种不同形式）。

假如微信仅仅有消息聊天，没有朋友圈、红包、支付、理财、游戏等，也就不能支撑"一种生活方式"的理念。只有考虑了完整场景下的体验，用户的感受才能够完整，对产品的依赖性才会更强。

（4）产品设计的"体"

那么什么是"体"呢？"体"可以理解为跳出了产品本身，在最终用户体验上也超越了用户期望。举一个例子，当你一个人去海底捞吃火锅的时候，海底捞的服务员会在你对面的座位上放一个巨大的宠物熊陪伴你（见下图）。作为海底捞火锅店，它的产品应该是火锅、餐厅环境、服务等，和宠物熊根本没有直接的关系，但是这样的设计却可以让用户觉得一个人在这里吃火锅也有趣、体贴，从而产生了情感上的共鸣。这里就是跳出了产品本身的一种设计思路，达到了"体"的维度。

　　还是以上面的语音会议为例，我们可以将语音会议拓展成会议，打通与会议相关的周边模块，比如会议通知、组织架构、团队日历、投票、任务跟踪、网盘，等等。但是，其实本质上还没有完全脱离与语音会议相关的模块，没有脱离手机。如果要上升到"体"的维度，就要做到脱离产品本身，在外部寻求突破。

　　比如，为了让外地的与会者身临其境，是不是可以利用 VR 设备？是不是可以很方便地连接音响、投影仪、八爪鱼、智能电视等外部设备？是否可以进行自动录像、录音、整理出会议纪要？达不到"体"

的维度并不会直接影响到产品本身，产品可以正常使用，但是脱离了产品本身并提升到"体"的维度时，产品的体验也将有了超越用户预期的效果。

6.6　用克制的设计提升体验

（1）不克制的设计有哪些

移动办公产品的设计策略如果用一个关键词描述，我觉得应该是"克制"。在谈克制的设计之前，我们可以先看看什么不是克制的设计，以及这些不克制的设计在工作环境下对用户体验又有哪些损伤。

不克制的设计体现之一是"控制"。有不少移动办公产品设计的初衷是强调上级对下级的控制，管理者对团队成员的控制，这就是一种不克制的设计。没有人愿意被控制、被监视、被强迫，一旦产品中被用户觉察到自己是被控制的，自己的私人时间总是被占用，总是让自己感觉不适，那这种不满会被逐渐累积。智能手机、移动互联网已经让现代人时时在线，没看消息就是我在忙，没有必要再来一个自动的语音电话催促。

不克制的设计体现之二是"全面"。手机功能的确是越来越强大，配置越来越高级，成为个人信息处理的中心，但是把它当作个人处理工作的中心还是有点勉强，至少不能适用于各种岗位或角色。当你想着把所有的工作都通过手机来完成，你的工作一定很难保证高效高质量。因为手机毕竟是一款个人设备，各种与工作无关的应用、消息推送都会让工作不聚焦，而且手机由于屏幕的限制、交互方式的局限都很难处理很多岗位相关的工作。如果本来适合用计算机处理的工作，非要全部塞入手机上，强调手机也可以处理这样的工作，那就是强调全面设计但是牺牲了用户体验。

不克制的设计体现之三是"个性"。 很多产品喜欢给用户特别多的设置，美其名曰"个性化"，期望通过各种设置使产品变化以满足不同人的需求，但是个性化肯定会让产品变得复杂。其实，产品设计满足共性比满足个性可能更重要，共性把握得不准才会想着通过个性来弥补。乔布斯时代的 iPhone 不会给你那么多选择，但是照样受人追捧。例如，有的移动办公产品尝试给用户提供不同的消息提示音的设置，普通消息是一个声音，上司发来的消息是一个声音，红包是一个声音，@自己的消息是一个声音。这可能有作用，但是很明显会加重用户的记忆和识别负担，这就如同学校里的上课铃要区分是语文课、英语课还是数学课一样没有什么必要。

不克制的设计体现之四是"花哨"。 有别于一款个人使用的应用，移动办公产品应该尽可能地保证简洁、中性，减少花哨的设计，突出用户需要的信息和内容才是关键。有的个人应用上为了让用户产生黏性，在视觉、动效、转场上使出浑身解数，但是这类过度的设计不适合工作场景，或者收效甚微，因为工作中要使用的应用不会因为难看就不使用，同样也不会因为好看就会多使用，过于花哨的设计很容易产生视觉疲劳，不利于长时间处理工作。

不克制的设计体现之五是"刻意"。 不少产品中带有很强目的性的刻意设计很多，比如为了获得新用户就推送各种送红包的活动，为了促进活跃度就给用户发送没有实际意义的消息，为了让用户进行二次传播就设计引导性很强的分享。这些刻意的设计有一定的作用，但是也难免造成实际转化率低。在移动办公产品中应该做到让用户用的方便、用完即走，即使用户本身有邀请他人、分享的诉求也应该是他自发去做的。

（2）如何做克制的设计

通过对不克制设计的分析，我们就能总结出移动办公产品中克制设计需要遵循的要点。

首先要营造一个比较平等信任的氛围，而不是突出控制和监视，因为现代企业更需要一种扁平化的组织运作，等级森严层层递进的组织结构已经很难高速运转起来，必要时基层员工也可以向公司的最高层领导来反馈问题。即使每个人都有自己所处的岗位和职级，但是在移动办公产品这个平台上要能体现出一种平等关系。

其次是产品要聚焦，突出移动端的优势，而不是面面俱到。移动办公产品提出随时随地办公并没有错，但不是随时随地能解决所有的工作，而是有限的、适合手机处理的工作。用手机来处理工作更多是团队成员之间的沟通协作，包括利用手机的一些通信能力，以及相关的硬件、传感器、移动互联网来完成对应的工作。适合用手机完成的就用手机应用完成，适合用计算机完成的就在计算机客户端或者 Web 端上完成，没有必要把明显不适合用手机完成的工作硬塞到手机中并强迫用户使用。

再次是减少用户的学习和记忆成本，过于个性化的产品设计必然会让用户增加负担，因为要进行不同的设置和理解。在工作场合使用的应用和软件个性化的意义比较小，充分解决共性问题更利于办公场景。比如，把开会各个场景的需求做到极致，当员工一需要开会就本能地使用产品，这要比费尽心思设计让每个人用自己的方式召开会议或是提供各种各样的会议提醒铃声更有意义。

同样，工作场合中使用的产品在设计上避免过于突出视觉的抢眼，应该简约、中性和引导，减少不同使用者的个人好恶。工作中有时候还会遇到需要共享、投影的情况，过于突出视觉设计而忽略内容的呈现反而会分散注意力适得其反。

最后是要对工作场景的需求要有深刻理解，避免使用刻意设计达到其他目的。产品满足用户需求他们就会使用，满足得越好使用频率越高，满意度也越高。他们不使用就是不需要用，就是产品设计的方向有问题，或者是用户的需求得不到满足。在这种情况下，通过一些刻意的"引诱"让用户进来看看只会让人反感。移动办公产品就是要帮用户节约时间提高工作效率，要让用户很清楚能做什么，并且让他们用完即走，而不是刻意拖住他们，让他们流连忘返。

克制的设计说起来简单，做起来其实挺困难，因为绝大部分产品总是在不断迭代，新功能特性层出不穷，越来越庞大的产品只会让使用者压力倍增。对于移动办公产品其实做减法比做加法更重要，将一个工作场景满足到极致可能就可以脱颖而出。

企业移动转型案例精选

■■■■■

7.1 柴火创客空间：创客企业移动办公新体验

　　2015 年初，李克强总理亲自考察深圳柴火创客空间，在体验了"开源智能机器人""机械臂"等创意产品后，李克强总理为团队点赞并表示："团队的奇思妙想和丰富成果，充分展示了大众创业、万众创新的活力（见下图）。"

　　"创客"概念源自国外，意指将与众不同的想法变成实物的人，而创客空间则是为创客们提供自由开放的协作环境，促进创意实现。2011 年，柴火创客空间正式成立，是深圳首家创客空间并将全球最大

的创客聚会（Maker Faire ）引入中国。据《2016 众创空间发展报告》，目前全国有超过 3 000 家创客空间。柴火创客空间创始人潘昊表示，随着外部竞争加剧，团队一直在寻找更加清晰可行的协作管理模式（见下图）。

2016 年 3 月，柴火创客空间母公司——深圳矽递科技有限公司启用云之家作为统一的移动工作平台，以满足团队统一协作管理、随时随地移动办公等需求，充分激活团队创造力。

深圳矽递科技有限公司是一家从事开源硬件服务企业，提供从研发辅助、采购生产到渠道分销的一站式配套服务。公司通过云之家建立组织架构，明确部门、职位划分，不同部门的员工可通过云之家随时随地建立群组，实现沟通协作。比如，销售同事跟进客户，做一个方案往往需要后端、供应链、物流等多个部门配合。现在通过云之家可以快速建立项目组群进行沟通协作，文件传输、语音会议、消息未读提醒等功能提升了协作效率，推动方案快速输出。另外，创客要求信息快速传递，通过云之家公告，实现企业快速有效的信息广播，公告在最短时间一步到达所有员工（见下图）。

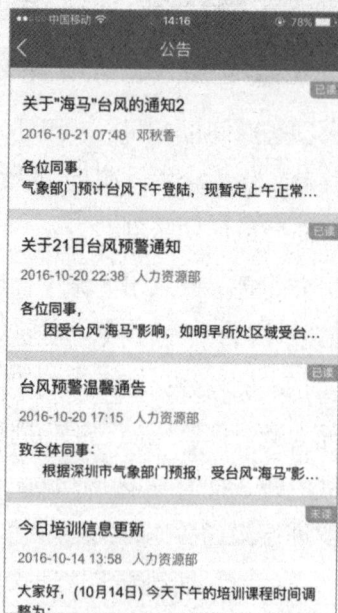

崇尚开放自由是柴火创客团队的一个重要特点，团队实行弹性工作制，但如何考核工作贡献度是个头疼的事情。上线云之家后，通过移动考勤，可以统计部门和员工的出勤情况和工时排行，并对工作贡献度高的员工进行红包打赏。此外，团队良好的工作氛围鼓励员工表现自己、讲真话，通过同事圈分享自己的动态、见解，与小伙伴们进行评论、点赞等实时互动，建立更开放的团队氛围（见下图）。

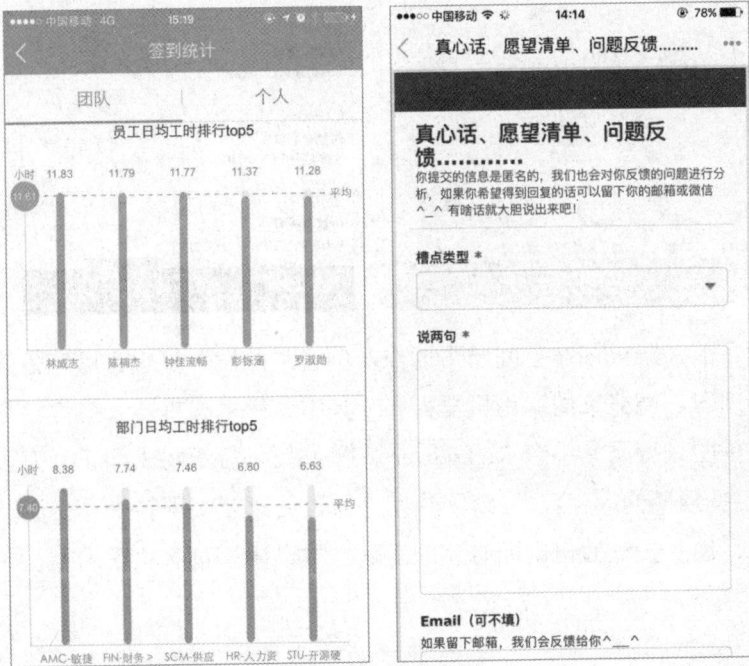

年轻是柴火创客空间的另一个重要特点，团队绝大部分成员是90后，操作繁杂、仅限于 PC 操作的传统 ERP 系统显然不适合天马行空的员工及快节奏的发展速度。通过云之家连接 K/3 CLOUD 系统，将扫描入库、单据审批、销售业绩、CRM 等操作装进手机，实现业务移动化，运转效率大大提高。值得注意的是，团队没有设置任何座机，员工们都可通过云之家免费电话快速找到同事进行协作沟通，同时节约了办公成本（见下图）。

目前，柴火创客空间已帮助许多创客"开发"梦想：可穿戴的健康管理器、智能家居通用机器人等。其中，积木式机器人搭建平台项目在美国众筹网站平台 Kickstarter 获得 18 万美元融资（约 110 万人民币），是预期的 6 倍。后续团队期待通过云之家实现轻松办公激活创造力，建立起开放自由而有序的团队，推动中国创客文化发展。

■■■■ ■

7.2 安井食品：颠覆传统 OA，移动办公助力鱼丸传奇

"下午要和分公司的同事开会，我马上拉群。" 张清苗拿起手机，

几秒在云之家通讯录里选好几个分公司要开会的人，发出会议通知。

他们企业的作风理念就八个字——马上去做，用心去做。安井食品的总经理张清苗一头短发，鼻梁上架了一副黑色半框眼镜，谈话时始终保持自信的微笑（见下图）。他觉得云之家作为一款移动办公APP，在很多工作场景上比QQ微信更专业，比如会议通知可以在手机上看到接收人员是否已读，对于没有及时看到的同事还会有短信、语音电话的自动提醒。

（安井食品总经理 张清苗）

（1）每天查看员工日报的CEO

作为国内知名的速冻食品生产企业，安井食品拥有五大生产基地7个工厂，2015年产量已超25万吨、营收超25亿元。2017年2月，安井食品在上海证券交易所主板上市。

按照"火锅料制品为主、面米制品为辅"的产品策略，不断提高安井品牌美誉度，在包子、饺子、汤圆一统天下的速冻食品市场格局中，张清苗带领团队，用小小的鱼丸撬动了市场铁板。

为了及时了解员工动态，张清苗坚持每天查看员工的工作日报。

不到 30 岁就成为安井食品信息总监的施荣旭表示:"张总会通过述职,了解员工业务动态、发掘人才,对于优秀的员工,还会当场提拔晋升等进行奖励。"安井现在已有 7 000 多名员分布在各地,张清苗希望每一位优秀的员工都能受到关注,在移动互联网时代,需要更快更直接的方式。

（2）让能听见炮火的人发声

使用专业的移动办公平台之前,安井通过 QQ 群+OA 系统的方式进行办公沟通。由于 QQ 与业务系统无法打通、数据不能共享、沟通过程难以追溯、问题处理缓慢等原因,已经无法满足食品快消行业的需求。

2017 年 2 月,安井决定用云之家替换 QQ 群,一夜之间"迁徙"完毕（见下图）。安井奉行执行文化,在移动互联网时代,需要更高效扁平的管理方式。

现在，张清苗通过云之家，可以在手机上随时查看员工的工作日报，他会把优秀的一线业务员、基层干部、新员工等设为关注对象，以便收到这些人的动态推送，进行及时查阅和评论。

另外，安井在云之家同事圈开设了"点子大王"话题，在类似微博广场的公司大厅里，员工可以发表对于公司、业务、产品的建议。一个营销业务人员在同事圈对新产品"核桃包"的包装提出建议，认为包装袋应该保留透明部分，以便客户能直接感受产品（见下图）。

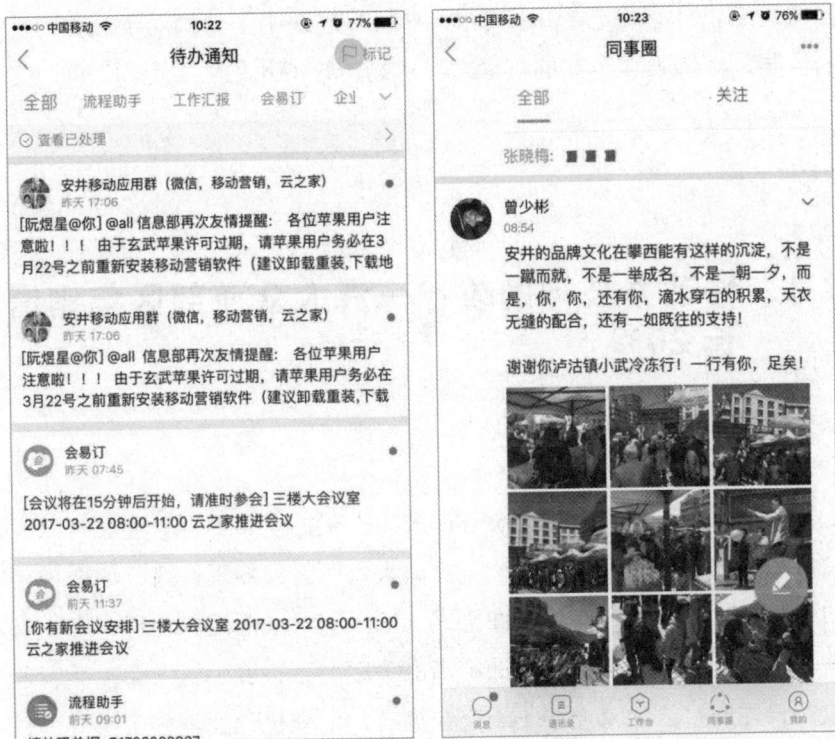

"营销业务人员身在一线，对业务情况、客户反馈最了解，给予他们反馈建言的渠道很重要。"张清苗坦言，在食品快消行业，能否快速传递市场声音、及时解决问题，决定着企业的生死，而公司总部要有高效扁平的沟通渠道与强悍的执行机制。

安井通过云之家连接了 ERP、HR 等系统，让业务通过移动化的方式快速运行。请购审批、请假申请等流程都可以用手机随时处理，审批中遇到问题，还可以分享到群组快速沟通解决。施荣旭说，这些都是非常人性化的设计，后续还会继续丰富业务轻应用，基于云之家建立统一的移动办公平台。

张清苗认为移动办公是大势所趋，可以满足更开放的管理模式，将 8 000 名员工凝聚成一个整体。工时很长的车间工人下班后还愿意到云之家里分享自己的工作感受心得，"这说明了他们对于工作方式的认同，也增强了企业的凝聚力，这是传统 OA 无法实现的"。

7.3 移动办公神助攻：一汽大众西部区年销增长 20%

"10 天前还不敢想，能够完成 23.1 万辆的全年目标，现在可以说完成了。"离 2017 年还有两天，一汽大众西区总经理许德成略微松了口气（见下图）。2016 年，许德成上任一汽大众西区总经理，在面临汽车市场饱和、限购政策、油价高涨等压力下，着手从内部实行管理改革，并通过云之家连接 143 家经销商，精细化分解销售渠道管理，最终超额完成总部制定的销售目标。

23.1 万辆意味月均销售 1.93 万辆才有可能完成目标。许德成上任后，西区虽然连续 6 个月同比增长 20%，然而也没有一个月跨过 1.93 万辆的任务生死线。

为在激烈的竞争中脱颖而出，许德成进行了一系列管理改革（见
下图）：优化组织人员、营销下沉，重要的是让经销商盈利。为达到
这个目标，他对经销商实行精细化管理，让信息实现快速传递和沟通。

（一汽大众西区总经理 许德成）

据了解，一汽大众西区事业部成立于 2007 年，目前共有经销商 143 家，仅仅是经销商老总、总监等伙伴就有 1 700 多人。在使用云之家之前，一汽大众西区没有建立统一的沟通协作平台，工作找人经常需要辗转多方才能找到联系方式，沟通效率很低，还要增加沟通成本。

现在通过云之家建立了统一组织架构，并按照公司、职位划分，查找经销商、同事沟通只需打开云之家即可查询到，极大地提高了沟通效率（见下图）。

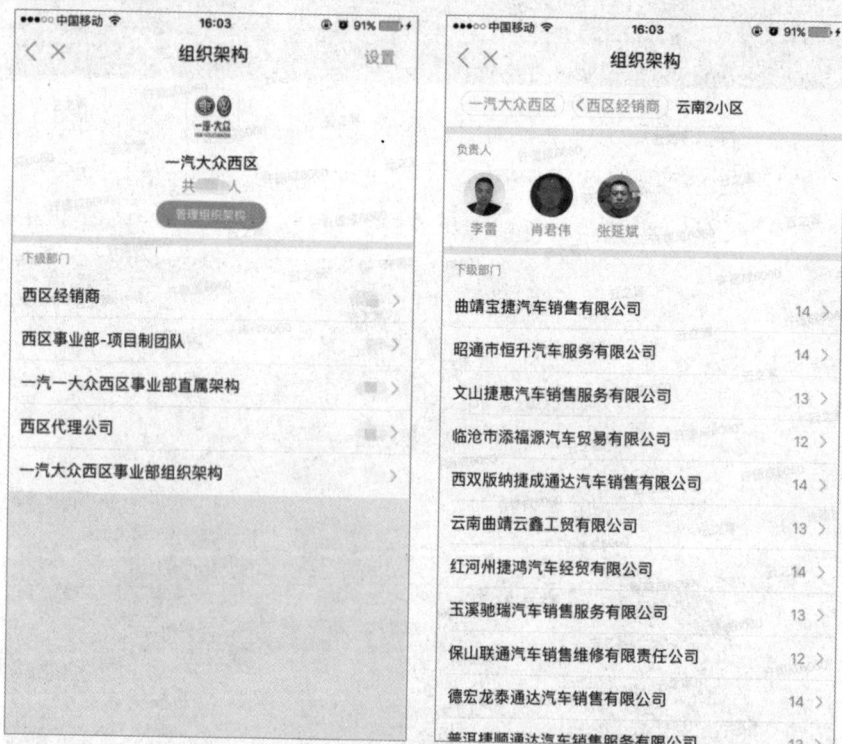

另外，一汽大众西区将所辖的 9 省 1 市划分为 14 个小区，平均每个小区 12 家经销商并配备 3 名小区经理。小区经理每天都需要到经销商门店巡访并每日上传工作报告。以往都是通过邮件的形式汇报，仅一天就有 42 封邮件报告需要处理。而邮件来往过程冗长繁复，容易导致问题难以及时解决。

现在小区经理可通过云之家工作汇报，随时随地汇报问题、门店巡访信息，可附上照片，门店情况一目了然。通过工作汇报的实时推送、分享、评论，实现工作信息互通，打通了同事间的信息阻隔。此外，团队还基于云之家开放平台，使用 Teambition 轻应用实现工作任务追踪，让项目协作、任务实现可追溯（见下图）。

汽车市场信息万别，一些公司销售政策解读、通知公告需要快速传递给经销商伙伴，以前的文件信息都是通过邮件下发给经销商，缺乏及时反馈信息的渠道，每个经销商都需要邮件来往沟通，工作量大且繁复。

现在可以通过云之家直接在群组里发送政策消息，经销商已读未读状态一目了然，如有疑问还能即时在群里反馈解答，政策信息得到了快速传递。另外，云之家群组实名认证、安全水印、管理员设置等沟通也保证了信息安全，杜绝政策信息外泄的可能（见下图）。

许德成表示要在激烈的竞争中脱颖而出，关键在于内部准确、有效地发力。通过云之家实现经销商精细化管理、信息快速传递沟通，建立起高效的工作管理平台，是推动管理改革、提高销量的神助攻。

■ ■ ■ ■ ■

7.4 银城地产用移动办公省掉六成销售协调工作

    作为集地产开发、物业服务、装饰装修、开发建设于一体的专业地产公司，南京银城地产经过二十多年的潜心发展，已经成为国内领先的地产品，并跻身"中国地产百强企业"，员工上、业务遍布南京、无锡、重庆等地区。

    说起云之家，银城地产 IT 总监刘伟称 "小应用推动大变化"（见下图）。2014 年，银城地产开始移动化转型，同年上线云之家，并自主开发出微客服、微销售、顾问助手等具有地产行业特性轻应用，轻松连接员工、业务、客户，颠覆传统的地产行业管理服务模式，用手机实现从办公、地产销售、物业服务的一条龙精细化管理。

（银城地产 IT 总监刘伟在沙龙上分享）

（1）销售情况实时记录跟进，省掉业务员六成协调工作

地产行业买卖的政策法规、所需准备资料、办理手续繁多。原来银城地产的销售同事白天拜访客户，要用小本子把信息资料记录下来，晚上再回到公司用电脑把信息录入系统，非常辛苦。后续还要对接相关同事跟进收款事宜，信息跟进、协调、沟通占了销售工作的六成时间。

而现在，销售同事通过云之家打开【顾问助手】轻应用，在客户现场就能实时录入信息。只需在已准备好的资料选项前打钩，一目了然清晰高效（见下图）。若资料显示准备齐全，相关同事即能启动对接下款，节省了协调工作时间。此外，还有到期业务、客户跟进、按揭流程维护等功能，将置业顾问常用系统操作移动化，业务员花在沟通与协调上的时间减少，有更多的时间进行业务开拓，提高业务效率和质量。

（2）物业客服手机派接单，干掉夺命连环 call

在银城地产工作多年的刘伟，主要负责集团信息化建设。"地产、物业管理是服务周期很长的行业，物管师傅经常要上门进行服务维护。"然而，在传统的物业服务里，水电、门锁等维修申报流程是：业主需先打电话到物业中心，由物业中心派单给师傅，师傅再拿着单据到业主家维修。在这种模式下，物管师傅每天都要多次往返物业中心接单打单，再到业主家，时间耗费太大。

现在有了云之家，这种情况完全改观。银城地产在云之家平台上自主开发了微客服及客服助手轻应用。通过云之家，师傅在手机端就能获取派工、维修单据信息，节省了往返物业中心的时间，效率得到很大提升。业主打完受理电话，物业中心统一调配派单，维修师傅接收到派单信息，直接前往业主家，效率提升、资源得到合理分配利用（见下图）。实现服务精细化，给业主带来更好的体验，避免夺命连环 call。

（3）小应用撬动大变化，银城用云之家实现管理精细化

房子卖出去了，如何追踪款项落实情况？不同户型的签约、回款

情况如何实时跟踪？想了解客服维修处理情况、业主满意度，但接触用户成本太高怎么办？

银城地产用云之家解决了以上问题。通过【微销售】，领导能实时掌握认购、回款、变更等销售数据明细情况。此外，【微客服】能实时查看维修服务情况，关单率、满意度、逾期数等，若服务逾期会有自动预警提醒。利用云之家移动平台实现服务精细化管理，提高数据的及时性和准确性，提升用户满意度（见下图）。

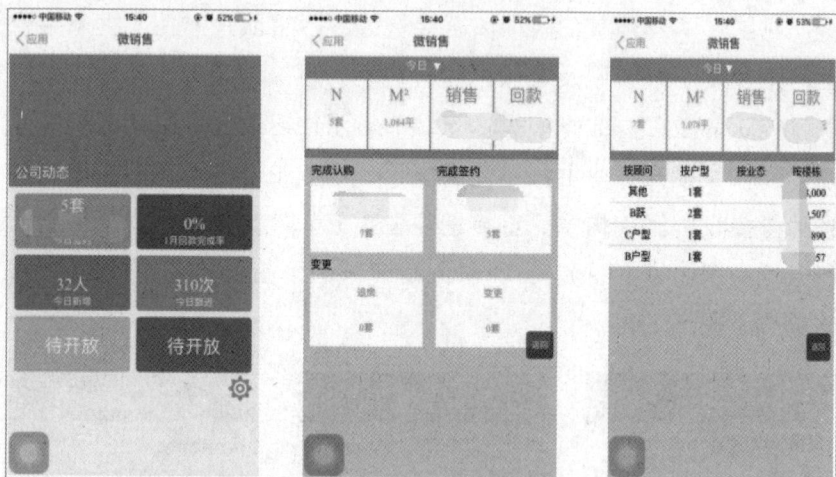

"生活就用微信，就用云之家。晚上刷着微信突然冒出一个流程审批的感觉并不好。"刘伟表示工作与生活应该区分开。除了连接用户与业务，银城还用云之家实现移动办公。例如，方便外勤销售同事的移动签到，外勤打卡很便利；移动审批功能，让领导利用碎片化时间处理业务；语音会议，实现同事间跨地域工作沟通……正因云之家让企业高效运转，实现了银城服务管理、销售管理精细化，提升工作效率、客户满意度，推动企业大变化（见下图）。

（图为企业攻城师沙龙现场）

第八章

移动办公的未来

8.1 极简方式的办公

（1）办公室可能会消失

在前面的序中，提到了传统办公室的七宗罪，分别是租金贵、交通堵、不环保、距离远、禁锢多、内耗多、不平等。

这个总结既形象又生动，其实传统办公室的七宗罪不正是未来需要解决的问题吗？如果对未来的工作，特别是移动办公用一个词进行概括，笔者认为应该是"极简"。所谓的极简并不是极其简单，相反的，可能因为人工智能飞速发展等原因把简单重复的工作做完了，人类反而要从事更为精密、复杂、有创意的工作，所以这里的极简可以理解为工作方式上的简便。

维珍集团创始人理查德·布兰森曾说："30 年后，当技术更加进步的时候，人们会回首过去并惊奇地想，怎么会有办公室这种东西。"

如果办公室成为工作上的束缚，既让企业增加很多成本，也让员工受到诸多限制，那么办公室的实体可能就会被逐渐弱化，取而代之的是虚拟的办公室、移动的办公室。虚拟的办公室把人通过网络连接起来，所有的人不再受限于固定的办公地点，而原来公司所提供的办公位、IT 设施都由员工自己解决，公司只需提供一个云端的存储器，每个人把与工作相关的内容上传即可。如此一来，企业用于花费在实体租金和各种软硬设施费用、日常运营费用会极大降低。

　　原先需要的面对面交流不再是一种必需的，每个人可以选择自己觉得最舒服的办公场所，需要即时沟通问题可以随时通过各种方式快速建立起连接。对于员工来说，不用再受限于公司规定的工作时间，更不会在上下班途中遭遇交通拥堵。

　　时间自由了，空间自由了，也没有了企业规范条条框框的限制，团队成员关系更加扁平化，自然在思想上也会更加放松，有助于激活创造力。当然，这也需要成员本身的职业化素质更高，把原来黑纸白字的劳动合同变成了一种基于信任的一种契约关系。

（2）正在流行的办公方式

　　事实上，即使现在很多新兴的创业公司、自由职业者都已经开始了这样的办公方式。越小的企业越容易践行这样的办公方式，真正让工作回归以人为本。

　　现有的办公形式经常让人陷入"文山会海"，因为大家在一起，看似交流方便但是也存在着相互影响，时常让人找不到聚焦工作、安静思考的时间和空间。不少人白天在办公室里疲于应对各种会议，只能晚上加班才有时间去处理工作上的事情。这样的工作方式只会让人的压力陡增，同时造成大量的时间被浪费。很显然，这样的工作方式不能称为极简。

　　不算在工作过程中因为相互影响、因为参加低效率的会议产生的时间损失，每个人在工作日里上下班的通勤时间就会非常长。特别是在一线城市，面对高昂的房租，很多职场人选择居住在郊区，上下班总共花去两三个小时是个很常见的现象。更有甚者，选择住在周边城市，每天采用转换多种交通工具的方式"进城"工作，这样花费的时间更是惊人。如果办公室在"云"上，自己的家就是办公室，楼下的咖啡馆就是办公室，小区的公园就是办公室，这笔浪费在交通上的时间必将能创造出更多的价值，必将能为员工带来更多的满意度。

那么，未来的云之家将如何支撑这种极简的工作方式呢？ 还是以几个人物场景来说明。

Tony 是一名产品经理，他有一个小团队，程序员 Andy，设计师 Linda，测试员 Zack，他们一起负责公司最新的一款应用的开发。以前他们每天早上要至少花上一个小时从 A 城市的四面八方在 9 点前赶到公司，然后开始早上的站会，有时候都来不及喝口水、吃个早餐。开完站会之后，每个人开始处理前一天的邮件，或者被别的团队拉去开会。经过短暂的午休，才有可能进入工作状态，但是又会出现经常被他人打断的情况。到了晚上，一天的工作如果没做完，则匆匆吃个晚饭继续加班，然后在深夜又花费一个多小时回到住处。

当这个团队开始用云之家移动办公的时候，所有的成员不再被要求在统一的地点、相同的时间开始工作。Tony 制定了整个团队的工作任务计划表，团队每个人共享自己的日程安排，包含每天不受打扰的工作时间段、空闲的时间段、交付输出的时间点等。每天大家都约定一个时间段，开一个在线的视频会议同步一下每个人的工作进展。但是具体到个人的工作时间则并不要求一致，比如 Linda 希望早起清醒的时候做设计，做好的设计资源会同步到云之家的云盘中，而 Andy 则喜欢在夜深人静的时候编写代码，完成了一个新版本后会通知到 Zack 第二天进行测试。Zack 测试完的结果也会在第一时间以任务的形式知会到团队其他成员。

每个选择自己工作效率最高的时候进行工作，但是彼此的生活又不受影响，重要的是不会相互打扰。Zack 在做测试的时候，Linda 可能正在跟闺蜜喝下午茶；Andy 在埋头编代码的时候，Tony 可能已经进入梦乡。每个人对自己的工作负责，保证项目的整体进度，彼此的工作透明，大家基于信任一起工作，相互配合，自我管理，而不是依靠劳动合同和上下级关系。

所以，极简的方式办公并不意味着你的岗位工作输出有什么实质的变化，但是却要把工作者从低效、重复、浪费时间中解脱出来，尽可能减轻工作之外的压力，让时间、地点更自由，并且让流程、人际沟通做到简便至极。

8.2 智能硬件的连接

未来可用于工作的设备肯定会越来越多，除了计算机和手机，将会有更多的智能设备被用到工作场景中。这里指的设备并不是用于去完成各种不同岗位工作，而是帮助工作者更好地完成通用工作、流程工作和辅助工作。这些设备的出发点无非有两个：一是可以更节省时间提升效率；二是适合不同的场景和状态。

以金蝶云之家为例，我们对移动办公的理解并不是简单地用手机办公，所以云之家并不仅是一款平台型的应用，同时也具备了很强的智能硬件连接能力。

（1）新型的会议设备

在很多传统的会议室都是采用投影仪连接笔记本电脑的形式进行投影，但是想在投影的画面上写写画画可能就没有办法了，在现实的会议场景中，我们经常需要对投影的内容进行讨论和做标记，所以会议室里有时还需要一个白板，然后在白板上写写画画。会议结束还需要有人讲白板上内容进行拍照留存。很显然，这样的工作方式在未来会被逐渐取代。

云之家与会议电视 CVTouch 开展了深度合作，CVTouch 本身可以在会议室中充当投影设备的作用，与会者可以将自己的手机、笔记本电脑上的内容投影到 CVTouch 的屏幕上。而 CVTouch 的屏幕就是一个触摸屏，通过配备的触笔，既可以控制 PPT 翻页，也可以直接在屏幕上进行书写（见下图）。屏幕上做的标记也不用拍照，可以直接连同投影内容一起保存并直接发送到云之家的消息群组中。

（用 CVTouch 开会）

在未来，CVTouch 还将与云之家探索更多的合作方式，以适应更多的工作场景，比如让不在会场的人参与到会议中，将投影的内容通过云之家的会议系统同步到与会者的手机上或者 PC 端上，实现更为高效自由的会议形式。

工作当中的会议投影需求是一个刚需，CVTouch 可以提供一个良好的体验，但是整体成本会偏高，对于一些小微团队的使用会有门槛。所以云之家也在开始探索低成本的投影方式，比如与会议室中的智能电视、智能机顶盒或者智能投影仪进行连接，在不增加额外成本的情况下完成会议室中的投影。

（2）新型的工卡设计

　　除了像会议这样的场景，在未来很多个人使用的智能可穿戴设备也将会被用于不同的工作场景。云之家设计团队就做过一款专门用于工作环境的手环设计，该手环具备现有手环的各种功能外，还延伸了很多被用于工作的功能，可以直接替代企业现有的传统工卡（见下图）。

　　这个被称为云环的手环可以跟云之家 APP 的账号绑定，到达公司后手机连接上公司 Wi-Fi，云环自动完成签到考勤，屏幕变色，用于给保安确认身份。传统的工卡如果丢失被他人捡到可能也可以躲过不仔细检查的保安，但是云环因为跟账号关联，手机连接到公司 Wi-Fi 屏幕才会变色，所以保安只要看到手环屏幕变色就表示身份正确（见下图）。

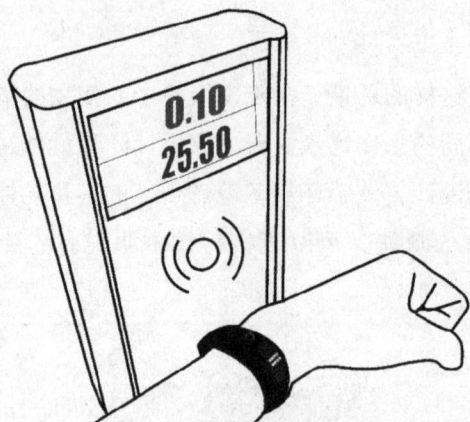

工卡的基本的支付、门禁等功能也可以支持，只要在结构中加入
IC/ID 芯片即可，还可以通过云之家 APP 进行充值、余额提醒等功能。

如果再加入蓝牙耳机，又可以方便地接入云之家的电话会议，即
使在移动状态、开车都可以加入工作中的讨论（见下图）。

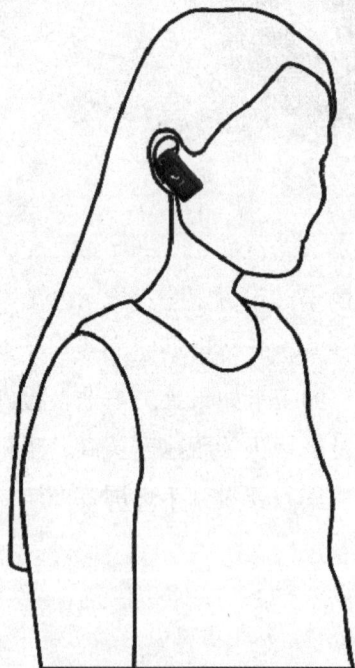

配合 NFC 功能，还可以相互交换名片直接相互加为云之家的好友，方便日后工作上的交流（见下图）。

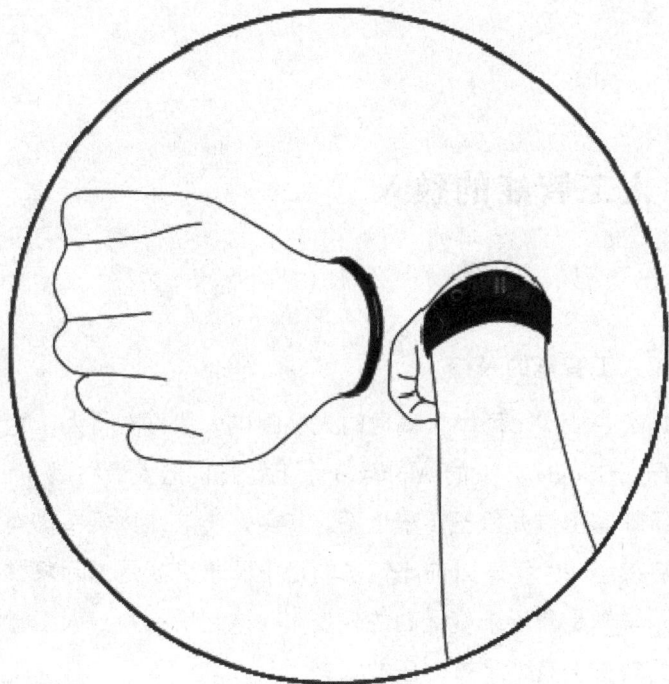

虽然云环只是一个偏概念的设计，但是实际上在技术实现上都不是问题。

在更远一点的未来 VR 设备也可能会被用于工作场景，虽然现在的 VR 设备看上去还有些笨重，使用起来也不够方便，但是就像 20 世纪 80 年代砖头一般的"大哥大"一样，未来的 VR 设备也必将越来越轻便小巧，拥有更好的易用性。VR 设备配合全息投影技术将可以真正跨越空间限制，打造逼真的面对面交流效果。

在前面的章节介绍了未来的办公在时间上更自由、在空间上更自由，随着万物互联，智能硬件、可穿戴式的智能设备的发展，必然会有越来越多的智能设备被运用到工作场合，也一定会让移动办公这种工作形式更加流行。

8.3　人工智能的融入

（1）人工智能的兴起

2016 年 3 月，一场举世瞩目的人机围棋大战再次将人工智能带入大众视野，Google 开发的 AlphaGo 人工智能机器人最终以 4：1 的战绩战胜了韩国围棋九段圣手李世石。其实人类与计算机在棋类上的较量已经持续了 20 年，以前比较多的是中国象棋或是国际象棋，而这次选择围棋则是一场难度更高的较量。在这之后人类与人工智能在围棋领域的较量一直处于被碾压的状态。

截至 2017 年 1 月 4 日，一个名叫 Master 的选手已经在围棋对战平台现身 6 天，挑战了几十位围棋顶尖高手，其中包括连续 37 个月排名韩国等级分第一的朴廷桓九段、有"当今世界围棋第一人"之称的中国顶级棋手柯洁九段、拿了 8 次世界冠军的中国顶级棋手古力、新科百灵杯冠军陈耀烨九段、2016 年三冠王芈昱廷九段，等等，Master 均获胜。而 Master 正是 AlphaGo 的升级版。5 月份柯洁再次与 AlphaGo 交锋，但是以 0：3 再次败北。

围棋在中国有 2500 多年的历史，千变万化的对弈方法不仅是一种竞技，更是一种艺术，它是一款极为复杂的智力游戏，其难度要远高于其他棋类，也是国际上衡量人工智能综合能力的重要项目。李世石、柯洁代表着人类在围棋竞技项目上的顶级水平，而 AlphaGo 竟然能以绝对优势战胜这样一群对手，不禁让我们这些普通人要问一句人工智能的时代真的到来了吗？

有一本书名叫《奇点临近》，是由美国发明家、思想家雷·库兹韦尔（Ray Kurzweil）所著的一本关于人工智能预言的书籍。书中就明确预言了在 2045 年奇点将来临，人工智能完全超过人类智能，人类历史将彻底改变。2045 年距离现在已经不到 30 年，如果预言真的成为现实，那么意味着我们很多人都将亲历这一历史的更替。

《奇点临近》所描述的未来或许还有点科幻，但是机器替代人类的脚步从来就没有停止过。过去这么多年来，多少工厂的工人正是因为工厂里大量机器的使用而遭遇了下岗？随着工业的飞速发展，很多岗位渐渐都在被机器替代，机器比人更加精准，力量更大，而且不知疲倦，很多组装工作使用机器会比用工人更加安全。从工厂老板的角度，采用机器会有更少的管理工作，虽然前期投入大，但是长期来看人力成本会更少。

（2）人工智能的实际应用

其实现在很多初级的人工智能已经替代了不少人类的岗位，比如自动收费系统替代了收银员，银行的 ATM 机替代了柜员，门禁报警系统替代了保安，自动问答系统替代了人工客服。甚至有的餐厅使用机器人做服务员，赌场里用机器人做荷官。无人机开始送快递，无人驾驶汽车开始载人出行。各种自助设备出现在各类公共场合，曾经给你办业务、为你提供服务的是一个个活生生的人，而现在已经变成了一个个机器。如果继续发展下去，是否会有更多的岗位被替换掉呢？

现在的机器人都普遍比较"刚性"，虽然很精准，有很强大的计算能力，但是我们还是能感受得到很强烈的"机器感"。换句话说，你可以想象一下一只冰冷的金属手掌抚摸你的脸的感觉，这样的体验还不够完美。可是据说"柔性手"技术也快要商用了，这意味着像人手一样灵活的机器手也会出现了。

笔者曾经看过一个国外的科幻电视剧，名字叫《真实的人类》，里面就有跟真人高度接近的机器人保姆、机器人警察，甚至机器人的性工作者。如果随着人工智能的快速发展，以及对人体各种器官的高度仿制技术，会不会真的出现像各种科幻影视剧中到处都是机器人的场景呢？

或许达到这一天还比较早，但是在可知的未来我们的确能预料到人类的很多工作终将被机器人所替代。机器人更好管理，没有情绪会更好控制，同时更加精准还不知疲倦，只要有电就能 24 小时工作，可以极大提升效率和产出。

在不远的将来，什么样的工作最容易被替代呢？许多人可能会说，那些缺少创造力的重复性工作，不需要与人做复杂沟通的岗位会被机器人替代。这个观点有一定的道理，但是真实的情况远没有这么简单，因为除了要考虑机器人可以做的事情，还要考虑使用机器人给企业带来的成本。

我们知道人工智能的机器人的成本是非常高的，就以前面说的 AlphaGo 来说，它在下围棋时由于要进行大量的计算和学习，会耗费大量的电能，因为它有 1 920 个 CPU 和 280 个 GPU，每下一盘棋需要花费 3 000 美元的电费。更别说机器本身的设计、制造、维护的价格了。如果以后的智能机器人更接近人类，那么售价方面肯定不会便宜，使用的成本会非常昂贵。

比如一个小公司的会计、出纳可能工资并不高，尽管机器人可以代替他们的工作，但是使用机器人的成本会远远高于雇佣一个真人的价格，那么你觉得老板会怎么选择呢？

（3）人工智能会替代什么工作岗位

所以最有可能被替代的岗位反而不一定是那些看似缺少创造力的岗位，因为这些岗位的工资本身就低，用机器人还不如用真人。最有可能被智能机器人替代的反而是那些需要一定的创造力、工资又相对较高的岗位。随着人工智能的发展，一些简单的创造可以被机器人做出来，比如绘图、平面设计、3D 建模，就算机器人没有艺术感，但是它可以对同一个需求几乎零时差地做出许多种方案供选择，如果是真人设计师则做不到这一点。这个时候对于老板来说，本来要雇佣好几个初级设计师，要有大的办公室，给他们配备高配置的计算机，但是现在买一个机器人就可以不知疲倦地出各种方案了，而且没有复杂的管理工作，这样一算就会很大程度上节省人力成本。

了解到这一点我们不难发现，在未来较短的时间里其实不用太担心自己会被机器人替代，但是你的下一代则不一定了。因为一旦机器人的制造和使用成本逐渐降低，人工成本逐渐升高，公司的老板很有可能提高机器人的比例，这样对公司的运作成本会有利。

未来如果想不被机器人替代，就要能做机器人无法做的事情。简单重复的，体力劳动的，一般创造性的都很危险，但是需要复杂的人际沟通，感性和理性相结合，极具创造力和艺术表达的岗位将很难被机器人替代。

现在也有一个观点就是小孩从小就要开始学编程了，编程技能对于他们就如同使用计算机和智能手机对于我们一样。我们的上一辈，特别是年纪大一点的父辈，在他们年轻的时候根本不会想到现如今社会中的我们是如此的依赖计算机和手机，如果不会使用几乎无法正常的工作和生活。同样的，再过几十年，等现在的小孩成年，我们可能也无法想象那时的他们对编程是多么的依赖。也许那个时候的生活就是控制机器人做事，而控制他们的方式就是写一个程序植入机器人的 CPU。就像我们现在用手机去控制一些设备，处理一些工作一样。

人工智能并不一定会像科幻影视剧中以一个类人的实体存在于你的周围，但是无论如何，在未来你的工作方式和生活方式都将会因为人工智能发生深刻的改变。在未来，移动办公肯定也会与人工智能紧密地结合，再配合大数据，甚至可以帮你处理完几乎所有的通用工作和流程工作，让你更加聚焦岗位工作的输出。

8.4　团队组成的变化

（1）团队将如何改变

在未来与你关系最紧密的同事可能只是一个"网友"，有一天你们在街角擦肩而过甚至不能认出彼此。正如前所述，移动办公会让固定的办公室逐渐消失，智能硬件可以让人随时随地开展工作，所以你和同事每天见面已经不再是必需的。这种改变不仅仅是对职场人工作方式上的改变，对一个团队的构成、成员角色也会带来巨大冲击。

在过去，一个团队通常会按照各种不同的岗位工作进行划分，相同的岗位会在行政上处于一个团队或部门，比如设计师团队、工程师团队、销售团队等。这样的团队通常会按照一定职级来划分团队成员，比如经理、主管、组长、老员工、应届生、实习生。每年或者每半年、每季度对所有团队成员按照一定的绩效要求进行考核，并分成 A、B、C、D 几个等级。等级越高者在后续的升职加薪、奖金等方面会有更好的激励，等级越低者则有可能面临被淘汰的命运。

这种来自多年前的绩效管理体系实际上已经渐渐不适合现在的团队管理，尤其是在一个企业中被僵化执行的时候。比如，为了所谓的保持组织战斗力，很多企业在执行绩效考核时强行规定一个团队中各个等级的比例，特别是要进行 5%的末位淘汰。但是这种方式是否真正公平，是否真正起到作用，在当今已经被诸多公司质疑。甲团队可能是一个战斗力非常强、成员能力都非常突出，也为组织带来了很好的业绩，但是非要从中评选出 5%的人来淘汰；而乙团队的成员能力都比较弱，大部分人都没有完成绩效，这个团队中的 TOP 20%是否就一定比甲团队中的末尾 5%要强，这个就很难评价。

除此之外，因为一个需要多岗位协作的项目再跨团队形成一个虚拟项目组的情况也比较常见，这样的项目组中有多名不同的职能角色，每个角色都在项目中承担一定的岗位工作，等项目结束后再回到原团队。这样的项目组更像是一种公司内临时性的合作关系。

在未来这种虚拟项目组式的团队将会被强化，团队成员的目标更加一致，就是为同一个项目贡献自己的时间、精力和技能。罗振宇曾经提出一个"U 盘化生存"的概念，总结起来就是"自带信息，不装系统，随时插拔，自由协作"。这个概念十分适合未来的团队组成，移动互联网的发展，移动办公的出现，人和人的协作必将变得更加自由。在传统团队中衡量一个人的尺度可能是领导评价，在未来衡量一个人的维度会变得更多更透明。你参与过多少个项目，每个项目中产生的价值，与你合作的上下游，你的用户、客户都会为你的综合评价贡献数据，再结合相关大数据，你在每个项目中的投入度、效率、职业化程度、你的相关学历、技能成熟度等，在传统团队中你只有一个阶段性的等级，但是在新型团队中你将是一个被实时量化的个体。

（2）传统雇佣时代的结束

在《未来的工作：传统雇佣时代的终结》一书中就提到了有关工作方式的演变，有以下四个阶段。

1.0	工作由企业内部员工完成，为消费者创造价值
2.0	工作由企业内部员工和外部机构（外包公司、合作伙伴）完成，为消费者创造价值
3.0	在模式 2.0 的基础上加入自由工作者，工作被分配给全职员工之外的工作者完成
4.0	在模式 3.0 的基础上出现人力资源平台，可显著降低交易成本，极大提高自由工作者的工作效力

由以色列新锐历史学家尤瓦尔·赫拉利创作的《未来简史》一书中就提到未来人类将会分化为两个阶级，一是全新的更先进的精英阶级和一个全新的一无是处的无产阶级。精英阶级会异常忙碌但是富有，甚至可以永生；而无产阶级却无事可做只能越来越穷等待死亡。这样的说法看上去有点危言耸听，但是也并非毫无道理。结合上面的 U 盘化生存的概念，你只有越强，你的实时被量化的数据越好，你就更有可能被邀请加入一个项目中，甚至通过合理的时间分配，你可以同时参与好几个项目，因为每个项目都希望你加入。反过来，你如果很弱，创造不了更高的价值，甚至会影响别人，那么愿意接纳的你的项目团队就会越来越少。

在传统的团队中，我们习惯于一种所谓的成员绩效正态分布，即绩效最优秀和最差的有各约 10%，绩效一般的为剩下的 80%。但是，在未来的团队中，一种马太效应会在未来的团队中显现出来，最优秀的人会团结在一起，他们职业化素质更高、能力更强、经验更丰富，他们期望与同样优秀的人一起做事情，而在新的团队组成机制中，这样的组合会成为现实。

有个例子可以很好地说明这一点，苹果曾经开发 iOS 10 系统时是将全公司最优秀的 600 名工程师聚在一起工作，结果用了不到两年时间完成了 iOS 10 的开发和部署。而与之形成鲜明对比的是微软公司，曾经非常重视 Vista 操作系统的微软并没有集合公司最优秀的工程师，而是动用了 10 000 名普通工程师。最后的结果是花了 5 年多的时间才开发出来 Vista，但是没过多久这个版本就下线了。

在未来，优秀的人聚集在一起做事，自由组合成一个团队会更加容易，一个优秀的人像个 U 盘一样到处插拔也会是一个普遍现象。整个社会会建立一种更为公平合理的机制，越有能力的人获得更多的工作和回报，混日子或者躺在原有成绩上裹足不前的人会渐渐被淘汰。

正如《重来 2：更为简单高效的远程工作方式》一书中所说，想要激发出员工的动力，唯一靠得住的办法就是鼓励他们从事自己喜欢的、在乎的事情，而且跟他们喜欢的、在乎的人一起做事。此外没有捷径可走。

随着移动办公的发展，有能力的人工作起来更加高效和自由，不再受限于某个固定地点或者某个时间段，让自己并行地穿梭于多个团队将成为可能。特别是当人工智能的不断发展，类似 Siri 这样的智能助理又会直接帮助我们处理琐碎、重复、低价值的工作，移动办公又会走上一个新台阶，可能你在吃饭、娱乐、睡觉的时候你的智能助理仍然在不间断地帮你处理工作、收集资料、安排日程、自动应答。

正如前所述，或许你和同事擦肩而过都不曾认出对方，但是你们却在不同的团队中做了一个又一个的项目，你们早就给予了对方五星级的好评。团队结构会更加扁平化，不需要所谓的"假积极"做事给领导看，团队成员都自发对项目负责，努力贡献自己的价值，最终达到团队和个人的共赢。

8.5　公司形式的变革

在未来，企业的实体依然会存在，但是可能会呈现两极分化的局面。一极是少量的巨型企业，他们仍然有高耸入云的写字楼群，遍布世界各地的研发中心、园区、工厂，他们以各种难以拒绝的福利吸引着高端人才。另一极则是大量的小微企业，他们有更为自由和先进的协作方式，并且极大缩减在实体企业上的各种成本支出，如办公室租赁、大型设备、软件等，员工则是由各行各业的精英组成。

巨型企业虽然依然拥有着丰富的资产、生产研发能力以及大量的人力资源，但是因为等级森严的上下级关系、复杂的人员和项目管理，以及各部门间的权衡倾轧，你很难想象某个员工的创新想法能真正被落实到公司最终的产品中。即使巨型企业里"养着"的诸多高端人才更多还是保证公司战略的执行，并小心翼翼地完成自己分内的工作，很难有极致突破的创新。

而小微企业则不同，前面已经介绍了，在这样一个个体崛起的时代，很多有才能的人已经不再依附于企业给予的平台，更强调最大程度地发挥自身创造力。因此，他们放弃在大企业里做一枚枚螺丝钉，而是选择在小微企业中相互配合做一个个相互嵌套运转的齿轮。

这类小微企业的大量诞生有个体崛起这种趋势方面的因素，也有职场人自我选择的主观因素，还有各种行业、技术发展的客观因素。因为公司运营成本的高昂，尤其是办公室租赁费用让小微企业也将"精打细算"尽可能地去弱化企业的实体。

如今，很多一线城市中以创新工场、车库咖啡这种共创空间、创客空间、联合办公空间为代表的工作场地应运而生。在同一个空间中存在多个小微企业，大家共享前台、会议室、网络、服务器及各种办公设备，甚至包括财务、HR 资源的共享。在未来，在家办公、移动办公、远程协作的兴起，这样的共享会被进一步弱化。各种移动的智能设备已经能处理很多工作事务，在家中、在公共场合网络都可以覆盖，可以利用各种在线的工具进行工作上的协作，需要开会也是一键呼起。而财务的、HR 的服务都会有专门的服务提供方，绝大部分可以在线自动完成。如果需要面对面交流沟通，那么找一个咖啡馆就可以解决问题。为什么还要租用办公室？为什么还要为运营实体企业雇佣辅助性的岗位、支付很多额外的费用？

以深圳一家名为"柴火空间"的创客空间为例，在第 7 章的企业移动化转型案例中也有详细介绍，其母公司深圳矽递科技有限公司是一家从事开源硬件服务企业，专门提供从研发辅助、采购生产到渠道分销的一站式配套服务。他们就启用云之家作为统一的移动工作平台，保证了团队统一协作管理、随时随地移动办公等需求。

在云之家上员工之间可以方便地进行日常工作的交流、开电话会议、任务分配，各种工作相关的资料、文档可以方便共享，还可以建立内外部合作者的项目群，从技术上就保证了各种工作协作。员工不再需要同一时间、同一地点一起工作，这可能就是另一种形式的幸福感。在陈春花博士的《激活个体》一书中就提到，组织的新属性由平台性、开放性、协同性和幸福感组成。

"创客"概念源自国外，意指将与众不同的想法变成实物的人，而创客空间则是为创客们提供自由开放的协作环境，促进创意实现。这群人创立的小微企业正在将企业的实体弱化，采用更为先进的工作方式，而这样的工作方式会在未来辐射到更多的小微企业，也会进一步加剧企业实体的弱化。

诸如 Google、Facebook、苹果这样的巨头公司他们虽然也在不断推出新技术、创新产品，但是我们可以看到一个现象，那就是这些巨头也在不断花重金收购小公司或是新专利。这也从侧面说明巨头公司的创新已经在渐渐趋缓，我们从这两年苹果发布的新款产品也可以看出端倪。巨头有着资源优势，但是复杂的公司结构也在扼杀着创新，在未来这些巨头只有不断地进行收购才有可能跟得上创新的需求。仅在人工智能方向 Google 就收购了多达 8 家公司，最出名的就是 DNNresearch 和 DeepMind；苹果收购了 4 家，分别是 Perceptio、VocalIQ、Motient 和 Turi；Facebook 也收购了 Wit.ai 这种为开发者提供语音识别和自然语言处理相关的基础设施公司。

而极具创新能力的小微企业将在极度弱化的企业实体中充分发挥个人潜力，他们更聚焦于工作和成果，而不是要去考虑各种复杂的公司章程和晋升制度。位于中层的一般公司很可能会面临人才紧缺和经营压力，因为一方面他们无法提供与巨头媲美的福利来吸引高级人才，另一方面又要承担高昂的企业运营成本，不如小微企业灵活。所以，未来一个很大的可能就是巨头公司和小微企业两极发展，中间的公司因为人才和成本逐渐萎缩。

　　"奥卡姆剃刀原理"说的是"如无必要，勿增实体"，这个原理也特别适合蓬勃发展的小微企业。企业实体越多越复杂就意味着更多的流程、管理、组织结构，部门墙、内耗、各级汇报都会让最能产生价值的工作变得不清晰，决策冗长，减弱核心竞争力。在未来，极度弱化的企业实体才能打造一种极简的工作方式，让成员更聚焦工作，激活创造力。

社交软件上的直接交流和间接交流

附 录

摘要：随着移动互联网的飞速发展，各种社交软件层出不穷，然而不同的社交软件虽然功能相近，但是在用户量和活跃度上却有着巨大的差别。本文从社交软件上的直接交流和间接交流两个维度阐述了用户选择不同社交软件的原因，并给出了提升活跃度的方法和建议。

关键词：社交软件、直接交流、间接交流、用户研究、微博、微信、QQ。

一、什么是直接交流

1.1 直接交流的特点

直接交流比较好理解，例如两个人面对面的谈话，或者视频通话、语音通话，或者用微信、QQ 等社交软件文字聊天，还有收发电子邮件，甚至已经被现代人几乎废弃的书信往来都属于直接交流。

这些直接交流的方式虽然不同，但是我们可以总结出几个共同点：

A. 交流的双方很明确；

B. 交流的发起方期望得到接收方的反馈；

C. 接收方会有反馈；

D. 交流双方对反馈都有感知。

　　如果 A 和 B 正在发生直接交流，我们可以认为交流的双方就是 A 和 B，这很明确；交流可能是 A 发起来的，那么他肯定希望 B 有所反馈。怎么理解"接收方会有反馈"呢？比如 A 找 B 说话，但是 B 扭头不理 A；或者 A 打 B 电话，B 没有接听；比如 A 给 B 发微信，B 也不回。这些情况下如何理解接收方会有反馈？

　　首先要明确一下，交流的发起方确保把消息传递到接收方，如果 B 根本不知道 A 在跟他说话，或者手机不在身边没有听到来电，没有看到信息，这个时候接收方 B 没有反应不属于无反馈。所以我们是假定接收方 B 收到了发起方 A 给出的交流内容，作为接收方 B 是要给出反馈的，前面提到了"扭头不理""挂断电话""信息不回"这些我们可以理解为"拒绝"类反馈。这种反馈可能有多种含义，比如 B 讨厌 A；或者 B 现在忙不方便接电话；或者就是故意让 A 急，等等。这其中代表的含义还要根据交流的双方关系，所处环境等因素综合判断。

　　对于接收方 B 是知道自己发出了这种反馈的，而发起方也是可以感知这种反馈的。一旦接收方发起了反馈，那么此时接收方又变成了新一轮交流的发起者，原发起方又变成了接收方，简单来说就是直接交流是相互的。而且交流也不局限于语音文字，面对面时一个动作，一个微笑，电话那头的一阵沉默都可以理解为是交流内容。

1.2　几种直接交流形式的对比

　　面对面的说话是反馈最为迅速的交流方式，交流的双方基本上可以毫无延迟的得到对方的反馈，同时还可以捕捉到表情、动作、周边环境等信息对反馈的真实含义做出更准确的判断。视频通话次之，基本上还是无延迟的交流，可以看到表情和有限的动作，但是环境信息就不够完整。语音通话再次之，虽然有语音，但是相对于可以看到对方的交流方式，不能及时捕捉表情动作所传达的信息，只能依靠声调、语气、环境来判断反馈。短信、微信、微博私信等都属于文字类信息，当然也有语音信息、多媒体信息，但是本质上类似，都是属于滞后反馈类的交流内容，即接收方不一定会立即反馈，在单位时间内传递的信息量上相较于前面几种也是小很多。最后书信的形式自然不必说，是更为滞后反馈和小信息量的一种直接交流方式，如下图所示。

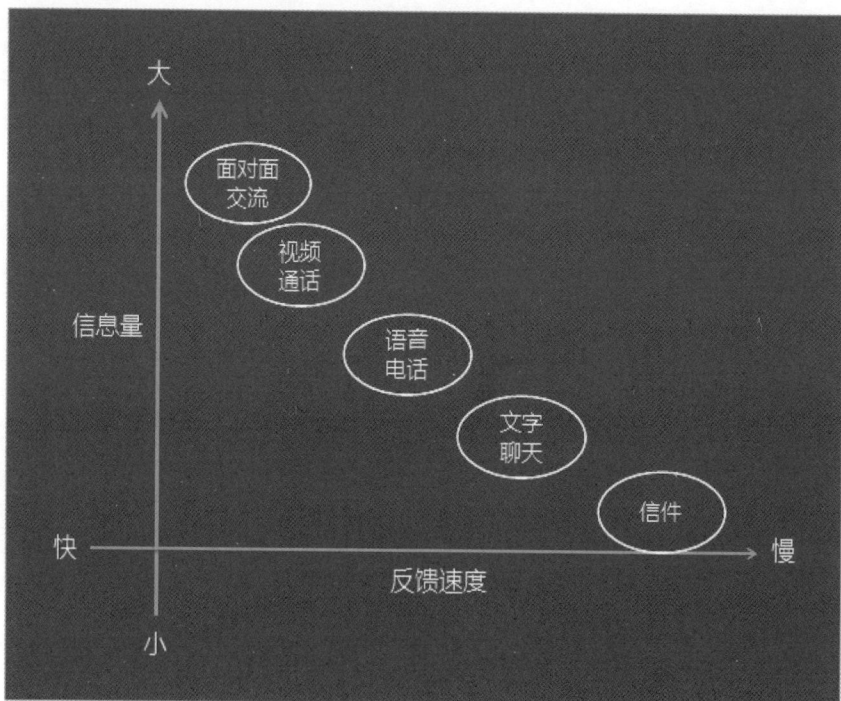

直接交流方式的演进正是我们人类社会科技的不断进步的见证。最初人类若想交流只能面对面，没语言的时代甚至只能通过动作、声音、表情等来传递交流的内容。文字是个重要的发明，它为跨越空间的交流提供了基础。随着交通工具逐渐发达，书信往来开始频繁，然而书信交流远未达到面对面交流的感觉。于是电话出现了，语音电话实现了时间上的无延迟，交流双方可以听到对方的声音。接着就是视频电话，它突破了语音电话只闻其声不见其身的限制，已经接近了面对面交流的体验，虽然此时交流的双方可能远隔千里。现在也已经有了全息投影技术，就像我们在一些科幻电影中看到的那样，将一个人的影像直接投影到另一个地方，达到近乎面对面交流体验，如下图所示。

对全宇宙有什么影响吗？
and consequently breaking the hearts of millions of teenage girls across the world?

1.3　滞后反馈类的直接交流分析

微信和 QQ 这种基本上是文字的交流方式也属于直接交流，早几年移动互联网还不发达，流量费用高的时候大家习惯用短信包月的方式进行交流也是类似的，这类直接交流属于滞后反馈类的直接交流。顾名思义，滞后反馈类的直接交流相对于面对面、电话这样的交流方式在反馈速度上要慢不少。在腾讯旗下的企鹅智酷公布的最新的《2017 微信用户&生态研究报告》中，数据显示截止到 2016 年 12 月微信全球共计 8.89 亿月活跃用户。既然现在移动互联网飞速发展，用户为什么还是要频繁用这种滞后反馈类的交流方式呢？大概有以下两点原因。

一是环境技术和费用原因。跨空间的交流如果越接近面对面交流体验，那么成本就越高。例如需要合适的终端设备、网络条件、双方在时间方便性上都需要考虑。人具有社会属性，因此只要不是很孤僻，不是在睡觉，可以说交流行为是时刻都是有需求的。所以在不需要获取更多形式反馈的条件下，快速传递文字信息已经满足交流的要求。

二是人本身的原因。我们明明可以创造接近面对面交流体验的条件，一次传递更多信息并获得更多反馈，可是我们为什么又选择文字聊天这种交流形式呢？因为人需要这种"延迟反馈"的交流。面对面交流这种形式其实双方是要承受"实时给出反馈"这种压力的。你要表现出你的风度，合适的动作、表情、语调、眼神，要实时给出反应，对方也是如此，这才能让交流持续。即使是语音电话，你也要时而倾听，时而回答，注意语气、声调。你可能要掩饰一些你不想却又不由自主透露出来的反馈信息，而对方又要努力捕捉这些信息。这自然会造成交流双方某些难以言表的压力。而具有"延迟反馈"能力的交流手段则让双方更为轻松和方便。这种交流尽管会延迟反馈，当相对于面对面交流、视频电话这些交流方式压力要小很多，而且可以一对多，不会像面对面交流那样被独占。但是作为直接交流的一种形式，接收方仍然要对发起方的交流给出反馈，它还是有一种小小的压迫感，因为前面说了，不理会也是一种反馈，而这种"拒绝"类的反馈是会被对方所感知的。

1.4 直接交流的场景案例

举个例子来说明。Leon 的一位女性朋友 Ada 今天化了妆，穿了很好看的衣服，如果两人是面对面或是视频，这个时候可能还没有开始语音上的沟通，但实质上 Ada 已经发起了一个直接交流。Leon 应该立刻有所反馈，无论有意还是无意的视而不见都是一种不礼貌，因为这也是一种反馈，而这种反馈 Ada 显然是可以感知的。或者 Leon 明明觉得不好看，却违心地说好看，还要配合动作、表情让 Ada 相信赞美是真诚的，而 Ada 也要努力挖掘 Leon 语言背后的各种反馈信息来判断他是不是真心的。看，这就是面对面交流的压力。

如果是微信、QQ 呢？Ada 发来一张自拍，什么也没说，Leon 这个时候不回复也是不好的，但是可以晚一点，如果延迟太久也会产生一种"拒绝"类的反馈，也形成了不礼貌的效果。但是此时 Leon 只需要反馈一些文字信息，如"不错哟"，不用给出配合的动作、表情、语气，这样压力就小很多。而 Ada 也因为捕捉不到更多的反馈内容不一定会费心去挖掘 Leon 说的真心程度。

我们可以看到时下很多社交软件都提供了各种即时沟通的能力，文字、语音、视频，这些给用户提供直接交流的功能是一款社交软件的基础。像"Yo"这样的，它为什么会突然流行？一个很重要的原因就是它是一款给用户带来很小反馈压力的直接交流工具。因为首先它是一个具有滞后能力的交流手段，接收方不一定要及时反馈；其次是传递的信息量少，交流双方可能无法持续多个回合，减少了持续反馈的压力。当然这样的一个"Yo"是否可以发展成一款流行的社交软件还不好下结论，因为毕竟它传递的内容有限，而且也没有我下面要讲的间接交流能力，所以更多时候它只能起到一个工具的作用，很难让人产生黏性。

■■■■■

二、什么是间接交流

2.1 间接交流的特点

从 Yo 的突然走红我们可以看到人类对反馈压力小的交流形式的渴望，它把直接交流中的反馈压力降到了最小。还有没有可能压力再更小一些，而传递的信息量又足够大？答案是肯定的，那就是间接交流。发一个微博，发一个朋友圈帖子，发一个 QQ 空间更新，如果不是明确的@某人，那么都可以算是一种间接交流。

间接交流有如下共同点：

A. 交流的发起方明确但是接收方不一定很明确；

B. 交流的发起方可能期望多个接收方给出反馈；

C. 接收方不一定有反馈；

D. 交流双方对反馈感知不明确。

首先交流的发起方很明确，这个毫无疑问，A 发了一个朋友圈帖子，A 自然是交流的发起方。但是接收方呢？这可能跟 A 发的内容有关，有可能是针对朋友圈全体的，谁都是接收方；也有可能是针对某些标签的朋友；也有可能 A 就是期望某个人是接收方。由于 A 没有明确指定某人，那么作为看到这个帖子的朋友，可以认为自己是接收方，也可以认为自己不是。哪怕是 A 发的内容和 B 有关，A 就是期望 B 给出反馈，但是由于 A 没有@B，那么 B 也是可以视而不见。

其次作为交流的发起方，尽管可能接收方不明确，但是既然发起了一次交流，肯定是期望得到反馈的。和直接交流不同的是，间接交流的发起方可能期望多个接收方给出反馈，例如期望朋友们能多点赞。作为不明确的接收方，不一定要给出反馈，或者由于存在多个接收方，那么有人反馈有人不反馈，可以不用承受较大的反馈压力。也正是因为接收方的不明确，所以类似之前提到的"拒绝"类反馈也就不会在交流双方中有特别的感知。

2.2　间接交流的场景案例

我们还是以一个例子来说明。假设还是 Leon 的那位女性朋友Ada，这次她直接把自拍照片发到朋友圈了，大家都能看到，这个时候 Ada 相当于发起了一个间接交流，接收方是全体好友，当然她也可能尤其期望 Leon 给出反馈。作为全体好友中的一员，Leon 可以点个赞，或是给出评论"不错哟"，而且时间随意。或者完全可以不用给出反馈，即使没有反馈也不会造成"拒绝"的效果，而且 Ada 也不知道 Leon 是否看到了，所以也不会特别纠结。因此单从交流接收方来看几乎没有像直接交流那样的及时反馈压力。

前面说的直接交流的发起方其实也是有压力的，如果 Ada 直接发一个自拍照片给了 Leon，她肯定会期待 Leon 有什么样的反应，会很想看 Leon 的反馈，感受他真实的想法，这些其实也是一种压力。但是如果是发到自己的朋友圈，Ada 就是晒她自己，其他人爱看不看，别人也管不着她在自己的地盘上各种晒，作为间接交流的发起方，她本身的压力也比较小。

2.3　三种主流社交软件上的间接交流分析

同样是间接交流，微博、QQ 空间、微信朋友圈为什么又出现了热度上的差别呢？或者为什么会出现了用户的迁移？下面将对这三种主流社交软件的间接交流做一次分析。

2.3.1　微博

微博最开始流行有几个非常重要的原因：

一是对文字内容字数的限制，这样无论发的人和看的人都相对省时省力，可以利用碎片时间来刷微博；二是微博迎合了移动互联网的发展趋势，形成了一个在当时非常适合的间接交流场所，满足了用户随时交流的诉求；三是很多名人的入驻，仿佛给了大众一个直接跟名人交流的途径。

应该说微博是间接交流为主的社交软件，所以在没有替代的情况下，用户需要这么一种压力相对较小的间接交流工具来释放频繁的交流诉求。但是我们看到当微信朋友圈出来后，大家却把这种交流诉求的释放渐渐转移到了朋友圈。这也有如下几点原因。

首先，微博上关注的人尽管有些熟人，更多的可能是不认识的人，或是跟自己工作生活上没有什么交集的人。对于普通人来说，我们经常是"刷"微博，所以大部分时间我们是充当间接交流的接收方。我们也可以发现现在很多微博已经变成了广告内容，这使得原本的间接交流变得更加远。对于经常"发"微博的人来说，因为粉丝不同，所以对于微博的内容可能有诸多考量。

其次，经过几年的沉淀，本来看似平等的好友们有人粉丝几千了，有人加 V 了，有人成达人了，那些粉丝稀疏的人就更少了"发"微博的欲望了。微博对于名人来说是个极好的间接交流场地，自己随便发一条微博也会有粉丝反馈。但是对于普通人来说，用微博私信的直接交流显然不够方便，而间接交流的内容又会淹没在微博流中。所以现在微博变成了新闻、明星八卦、广告密集的地方。之前提到了间接交流的特点中有一条是交流发起方期望多个接收方给出反馈，但是普通用户的发得少，得到反馈更少，使得间接交流越来越少，这会导致微博渐渐没落。

最后，重复内容会比较多，而且多半是跟自己没什么关系的公众人物新闻、鸡汤等，这也会让人反感，因为这是一个信息爆炸的时代。

微博如果继续发力，普通人的间接交流肯定是比较吃力的，所以要充分利用自身的优势：一是名人效应，名人的粉丝多，发出的间接交流也就是微博会得到很多回应，甚至名人之间通过微博的直接交流，相互吐槽、爆料、暧昧对双方的粉丝来说也是一个间接交流。这是 QQ 和微信不具备的。二是媒体先锋，新浪是老牌专业的媒体，对新闻的敏感和发布尺度都有很好的把握，将微博作为大众第一时间获知新闻的载体也是非常有效的。

2.3.2　QQ 空间

QQ 空间最开始在 PC 端，有点像个人博客，别人要主动过来看，留下"足迹"。PC 时代的 QQ 空间本应是非常好的间接交流场所，但是有两个特性将间接交流变成了直接交流。第一个特性就是空间权限，访问别人的空间时需要像对方索要密码或是问题答案。之前间接交流的特征中有一条是接收方不明确，但是一旦请求访问，那就明确了自己是接收方，间接交流的条件就不符合了。第二个特性就是足迹，如果你访问了某人的 QQ 空间并留下了足迹，也表示你是明确的接收方，变成了直接交流就要承受反馈压力了。所以 QQ 空间后来为什么有清除足迹的功能，其实也是为了让间接交流的接收方不用承担反馈压力。

后面手机 QQ 也变成了类似微信朋友圈"流"的形式，称为好友动态。这样的改动无疑促进了好友之间的间接交流。但是我们也发现随着微信的流行，也有人渐渐不用 QQ 了，特别是一些很早就用 QQ 的用户。这也有如下几点原因。

首先，QQ 用户经过多年的成长，人生已经发生了变化，曾经水平差不多的小伙伴可能已经在生活事业上有了悬殊差距，为了避免尴尬，许多人即使登录也选择了隐身。隐身其实是在避免直接交流，QQ 最初就是滞后反馈类直接交流的最强工具，但是如果用户选择隐身避免直接交流，那意味着间接交流的频度也会相应减少。

其次，经过这么多年，QQ 好友已经杂乱不堪，还有各种各样的群，各种不太熟悉的人混杂其中，也变成了类似微博粉丝的效果，作为普通人发起间接交流的欲望就变少了很多。

最后，二度人际关系可能让人尴尬。QQ 会计算关系网络，可以列出来很多共同好友，本意是促进用户找到认识的人，增加交流。可是如果这么多年都没加的好友，在现实中的关系早就淡了，突然通过 QQ 二度人际关系添加好友反而有些尴尬。社交软件上的好友关系，其实是现实社会关系的一种映射。

在腾讯内部，QQ 和微信两个产品也是处于竞争状态。QQ 也有其自身很独特的优势，就是移动端和 PC 端的互补。尽管微博和微信也有 PC 端，但是 QQ 在 PC 端上能力，诸如方便的多方视频会议、屏幕共享、文件传输、群空间等，特别是多年来用户打开计算机自动登录 QQ 的习惯仍然是不可替代的优势，QQ 需要继续强化这些优势。

2.3.3 微信朋友圈

微信相比微博和 QQ 它虽然起步最晚，但是由于起步晚，它的好友关系基本上是对现实中社交关系的真实反映。基于熟人的关系就意味着在朋友圈中发起间接交流可能得到更多的回应。相对于微博，微信没有明显的等级、粉丝数之分，相对于 QQ 也没有隐身与否的困扰，直接交流更便捷，间接交流到达率高，接收方也基本上是目标受众，能产生更多的互动。

但是我们也可以看到微信也越来越庞大，现在跟不太熟的人也开始交换微信了，可能加完微信以后就不认识是谁了；朋友圈里也有很多人卖东西、发广告；微信自己也在朋友圈出广告了。还有很多企业把工作上的交流也放到微信上，用户即使在下班时间也可能被各种工作相关的微信消息骚扰。朋友圈也是充斥着杂七杂八的内容，各种炫耀和晒，消耗着我们的碎片时间。有研究表明，普通人较为紧密的社交关系维持在 150 人以内，超过的话就会承受较大的社交压力。有的用户甚至加好友到了几千人，这其实就是把微信当成微博在使用了。

所以随着微信好友的增加，以及用户几年来自身的变化，和 QQ 的情形可能越来越像，已经有人声称要逃离微信了。当然，微信也提供了许多方式来减缓这种变化，例如朋友圈分标签，屏蔽某人的朋友圈，群组消息屏蔽等。同时微信也将生活的方方面面连接到一起，让用户有很高的放弃成本。

微信已经取代了短信，取代电话估计时日不远，这体现了微信在直接交流上的强大优势，各种内容可以轻松分享到朋友圈，让微信的间接交流优势也无可比拟。同时，微信具有强大的平台能力，游戏、理财、出行、购物、娱乐、生活、服务、企业、商户都接入微信，这让微信真的成了一种生活方式。

2.4　什么样的场景适合间接交流

间接交流的使用对用户来说看似简单，发个微博，发个朋友圈不就行了？但是如果场景不对，效果就很差。

以拜年为例，很早以前要拜年就得带着礼物登门拜访，电话普及后就打电话拜年，再然后是群发的短信。我们会发现这两年收到的短信已经不多了，通常都是一些银行、商家发来的了，因为更多人选择了微信拜年。微信上的拜年形式也变得多样，有的用文字图片，有的是语音，有的是用第三方 APP 生成的动画等。甚至有的人直接在朋友圈里发一个帖子拜年就算完事了。如果不是老板、权贵、红人，点赞或是回复肯定很少。

很显然拜年属于一种需要直接交流的活动，换言之，我能感受到我在你心里的特别，和别人不同，才有意义。我们为什么会对群发的短信或微信基本没有感觉？因为本来应该是一个直接交流变成了一个间接交流。这就又回到间接交流的特征上来了，首先就是接收方不一定明确。拜年本来应该是一个接收方明确的直接交流行为，你现在群发了一条消息，甚至是一个朋友圈帖子，那么如果我是你的好友，我只是知道我存在于你的联系人中而已，我和其他人在你心中并无差别。另一个特征是接收方不一定要反馈，而且双方对是否有反馈也不明确，所以接收方对发起方拜年的回复也极有可能也是一个间接交流式的拜年。通信的发达、移动互联网的普及、社交软件的发展反而让年味变淡了。

可见原本是直接交流的事情如果使用了间接交流，那么效果可能会大大打折扣。同样，如果本来应该用间接交流的事情如果使用了直接交流，那么也可能适得其反。你看到了一篇好文章，一段有意思的视频，你去游玩的照片，可能真的没有什么人有兴趣，你发给一个特定的朋友，发起了一场直接交流，那么接收方就要承受反馈压力。所以这些内容还是变成间接交流吧，感兴趣的人自然会有回复或转发。

■■■■

三、社交软件上的直接交流和间接交流如何做

3.1 直接交流的优化点

社交软件上直接交流的功能都是类似的，主流的是语音电话、视频电话、文字消息、多媒体消息（如图片、声音、动态表情等）等。

一款社交软件的直接交流是基础，要求到达率高，通话音质好，传输速度快，不能总是信息延迟到达，说话断断续续，发送图片要半天。相信这些并不难做，很多 IM 应用一直在这上面努力，在网络发达的今天，用户感知的差异化就不那么明显了。

文章最初也说了，直接交流的形式并不局限于语言文字，可以多种形式。随着 iPhone、安卓这些智能手机的普及，社交软件上的直接交流要充分利用手机的特性。例如前后摄像头、加速度传感器、蓝牙、GPS、NFC，甚至一些智能手表、手环这些配件。例如微信的摇一摇就是一种新的直接交流发起方式。通过手机的一些特性，建立一种非语言的直接交流，可能是社交软件上在直接交流上的突破点。

3.2 间接交流的优化点

间接交流往往可能是被忽视的部分，这一部分恰恰可能会成为优势。人具有社会属性，交流的欲望可能是频繁、随时的。正如前所述，

直接交流意味着发起方和接收方有着反馈压力，因此不可能频繁地直接交流，这会让人很累。那么，频繁且随时的交流欲望就需要通过间接交流来释放，所以间接交流决定了用户的黏性。

一款社交软件的间接交流怎么做才算好？

首先是内容来源的丰富性：用户在任意一个地方看到的内容都能轻松分享到这款社交软件上，新闻、视频、音乐、文章、图片，等等，无论从哪里看到可以一键分享是非常重要的诉求。

其次是互动性：如果你分享的内容没有办法被回应，那也就没有了之前提到的间接交流具有发起方期望得到多个接收方反馈的特点，所以点赞、转发、评论之类的必不可少。

最后是隐私性：通常一款流行的社交软件上面的联系人已经很多，家人、上司、下属、同学、不熟的人、职场朋友，你分享的内容有时不适合针对全体，但是你又想分享，这个时候怎么处理隐私性也非常重要了。

当然还有一些其他增加用户体验的地方，诸如内容的排版展示，评论和回复的操作，各种提示的显示等都有很多值得考量的地方，想要做好也是一个持续迭代的过程。

总结一下，社交软件上的直接交流做得好是基础，它可能是用户决定把它放在手机桌面上的一个必要条件，否则可能直接被卸载；而间接交流则是社交软件好坏的核心竞争力，它是决定用户频繁使用、增加黏性的关键。

参考文献

［1］ 移动信息化研究中心. 2016 年移动办公全景报告 [R/OL]. （2016-03-11）[2017-04-03]. http://download.csdn.net/download/sinat_18974753/941893.

［2］ 中谷健一. 移动办公工作术 [M]. 周翔, 译. 北京：电子工业出版社, 2013.

［3］ 库纳缇, 纽纳. 工作的未来：移动办公及创业的另一种可能 [M]. 林秀兰, 译. 北京：中国人民大学出版社, 2016.

［4］ 陈春花. 激活个体：互联时代的组织管理新范式 [M]. 北京：机械工业出版社, 2016.

［5］ IDC 中国社交化移动办公软件市场跟踪报告(2015 年) [R/OL]. （2016-03-30）[2017-04-30]. http://idc.com.cn/abont/press.jsp?id=OTUw.

［6］ IDC 中国社交化移动办公软件市场跟踪报告(2016 年) [R/OL]. （2017-03-16）[2017-04-30]. http://idc.com.cn/abont/press.jsp?id=MTA4mg==.

［7］ 弗里德, 汉森. 重来：更为简单高效的远程工作方式 [M]. 苏西, 译. 北京：中信出版社, 2014.

［8］ 马斯特斯. 从 0 到 1 [M]. 高玉芳, 译. 北京：中信出版社, 2015.

［9］ 布德罗, 杰苏萨森, 克里尔曼. 未来的工作：传统雇佣时代的终结 [M]. 毕崇毅, 康至军, 译. 北京：机械工业出版社, 2016.

［10］ 库兹韦尔. 奇点临近 [M]. 李庆诚、董振华、田源, 译. 北京：机械工业出版社, 2011.

［11］ 赫拉利. 未来简史 [M]. 林俊宏, 译. 北京：中信出版社, 2017.

［12］ 创见网. 揭秘：Slack 是如何一步步地变成史上增长最逆天的企业级应用的 [EB/OL]. （2016-03-15）[2017-04-30]. http://cocoachina.com/review/20160315/15679.html.

读 者 意 见 反 馈 表

亲爱的读者：

感谢您对中国铁道出版社的支持，您的建议是我们不断改进工作的信息来源，您的需求是我们不断开拓创新的基础。为了更好地服务读者，出版更多的精品图书，希望您能在百忙之中抽出时间填写这份意见反馈表发给我们。随书纸制表格请在填好后剪下寄到：北京市西城区右安门西街8号中国铁道出版社综合编辑部 巨凤 收（邮编：100054）。或者采用传真（010-63549458）方式发送。此外，读者也可以直接通过电子邮件把意见反馈给我们，E-mail地址是：herozyda@foxmail.com。我们将选出意见中肯的热心读者，赠送本社的其他图书作为奖励。同时，我们将充分考虑您的意见和建议，并尽可能地给您满意的答复。谢谢！

- -

所购书名：_____

个人资料：

姓名：_____ 性别：_____ 年龄：_____ 文化程度：_____

职业：_____ 电话：_____ E-mail：_____

通信地址：_____ 邮编：_____

- -

您是如何得知本书的：

□书店宣传 □网络宣传 □展会促销 □出版社图书目录 □老师指定 □杂志、报纸等的介绍 □别人推荐
□其他（请指明）

您从何处得到本书的：

□书店 □邮购 □商场、超市等卖场 □图书销售的网站 □培训学校 □其他

影响您购买本书的因素（可多选）：

□内容实用 □价格合理 □装帧设计精美 □带多媒体教学光盘 □优惠促销 □书评广告 □出版社知名度
□作者名气 □工作、生活和学习的需要 □其他

您对本书封面设计的满意程度：

□很满意 □比较满意 □一般 □不满意 □改进建议

您对本书的总体满意程度：

从文字的角度 □很满意 □比较满意 □一般 □不满意
从技术的角度 □很满意 □比较满意 □一般 □不满意

您希望书中图的比例是多少：

□少量的图片辅以大量的文字 □图文比例相当 □大量的图片辅以少量的文字

您希望本书的定价是多少：

本书最令您满意的是：

1.
2.

您在使用本书时遇到哪些困难：

1.
2.

您希望本书在哪些方面进行改进：

1.
2.

您需要购买哪些方面的图书？对我社现有图书有什么好的建议？

您更喜欢阅读哪些类型和层次的理财类书籍（可多选）？

□入门类 □精通类 □综合类 □问答类 □图解类 □查询手册类 □实例教程类

您在学习计算机的过程中有什么困难？

您的其他要求：